SUBJETIVIDADE E SOCIEDADE

Uma Experiência de Geração

Coleção

ANTROPOLOGIA SOCIAL

diretor: Gilberto Velho

- O Riso e o Risível
  Verena Alberti
- Movimento Punk na Cidade
  Janice Caiafa
- O Espírito Militar
- Os Militares e a República
  Celso Castro
- Velhos Militantes
  Ângela Castro Gomes,
  Dora Flaksman,
  Eduardo Stotz
- Da Vida Nervosa
  Luiz Fernando Duarte
- Garotas de Programa
  Maria Dulce Gaspar
- Nova Luz sobre a Antropologia
  Clifford Geertz
- O Cotidiano da Política
  Karina Kuschnir
- Cultura: um Conceito Antropológico
  Roque de Barros Laraia
- Carisma
  Charles Lindholm
- Autoridade & Afeto
  Myriam Lins de Barros
- Guerra de Orixá
  Yvonne Maggie
- Ilhas de História
  Marshall Sahlins
- Os Mandarins Milagrosos
  Elizabeth Travassos
- Antropologia Urbana
- Desvio e Divergência
- Individualismo e Cultura
- Projeto e Metamorfose
- Subjetividade e Sociedade
- A Utopia Urbana
  Gilberto Velho
- O Mundo Funk Carioca
- O Mistério do Samba
  Hermano Vianna
- Bezerra da Silva: Produto do Morro
  Letícia Vianna
- O Mundo da Astrologia
  Luís Rodolfo Vilhena
- Araweté: Os Deuses Canibais
  Eduardo Viveiros de Castro

Gilberto Velho

Subjetividade e Sociedade

uma experiência de geração

terceira edição

Jorge Zahar Editor
Rio de Janeiro

Jorge Zahar Editor Ltda.
rua México 31 sobreloja
20031-144 Rio de Janeiro, RJ
tel.: (21) 2240-0226 / fax: (21) 2262-5123
e-mail: jze@zahar.com.br
site: www.zahar.com.br

Edições anteriores: 1986, 1989

CIP-Brasil. Catalogação-na-fonte
Sindicato Nacional dos Editores de Livros, RJ.

Velho, Gilberto
V545s Subjetividade e sociedade: uma experiência de
3.ed. geração / Gilberto Velho. – 3.ed. – Rio de Janeiro: Jorge Zahar Ed., 2002.
(Antropologia social)

Inclui bibliografia
ISBN: 85-7110-655-X

1. Psicologia social. 2. Relações humanas. I. Título. II. Série.

CDD 302
02-0707 CDU 316.6

SUMÁRIO

Todos os fatos e processos observáveis ou externos – políticos e sociais, econômicos e religiosos, legais e tecnológicos – seriam tanto desinteressantes como ininteligíveis se não fossem causas e efeitos de processos mentais.

G. SIMMEL

APRESENTAÇÃO

Este livro apresenta resultados parciais de meu trabalho de pesquisa dos últimos cinco anos.[1] Enfatizo o *parcial* não só porque não terminei a pesquisa, mas porque corresponde a um esforço de lidar com *uma* das diversas dimensões dessa investigação.

A tentativa de estudar as relações entre a subjetividade e a sociedade, levou-me a escolher esta forma mais ensaística de apresentar minhas reflexões e fragmentos do material.

Creio que assim sinto maior liberdade para expor, de maneira menos detalhada e rígida, preocupações que ultrapassam as fronteiras de disciplinas estabelecidas, e meus compromissos com uma modalidade de relatório, *paper* ou tese que, às vezes, dificulta a expressão de nossas idéias e, certamente, de nossos sentimentos.

[1] Cabe registrar meu agradecimento às fontes de financiamento: Conselho Nacional de Desenvolvimento Científico e Tecnológico (CNPq), Financiadora de Estudos e Projetos (Finep) e Fundação Ford. Embora o custeio desta pesquisa seja relativamente modesto, seria impossível realizá-la e discuti-la sem esse apoio.

Com isso, não abro mão de minha vinculação básica com o trabalho acadêmico em *Antropologia Social*. Mas, procuro apresentar-me também como um autor e cidadão, preocupado ética e politicamente com sua sociedade, dentro dos limites dos meus compromissos com o ritual universitário.

O fato de lidar com meus contemporâneos faz com que viva um dilema permanente. A sobriedade, em excesso, pode empobrecer a riqueza existencial da categoria social investigada. Por outro lado, há um certo pudor necessário quando se lida e fala da vida de outras pessoas, mesmo protegidas pelo anonimato. Esta situação produz alguma ansiedade em relação ao tom adotado. Espero ter alcançado o equilíbrio que desejei, sem sacrificar, em excesso, tanto a densidade, como os mistérios de vida de todo indivíduo. Mas, é inevitável uma simplificação e um esquematismo. Talvez, como sugeriram-me pessoas queridas, devesse também pensar em escrever obra de ficção assumida, livre e plenamente. Por enquanto, pelo menos, mantenho meus votos de fidelidade às tradições da ciência social, mesmo que de forma menos ortodoxa.

Este trabalho foi escrito, com intervalos, num período de cerca de dois anos. O Capítulo 1 é de 1983, o 2 de 1984 e os outros são de 1985/1986.

As múltiplas atividades, compromissos acadêmicos propriamente e de política científica, retardaram sua conclusão. Outros trabalhos tiveram precedência, assim como a intensa atividade que nós pesquisadores temos que ter, recorrentemente, em defesa do espaço para a reflexão e a produção científicas no Brasil.

Colegas, amigos e alunos, de várias maneiras, mesmo às vezes sem saber, sempre me ajudam a realizar meus trabalhos. Neste caso agradeço, particularmente, a Eunice Durham, Peter Fry, Luiz Fernando Dias Duarte, Howard S. Becker, Tania Salem, Miriam Lins de Barros e Ruth Cardoso. Também agradeço a Tania Lucia Soares pelo seu apoio como secretária e datilógrafa, com sua paciência e capacidade de decifrar hieroglifos.

Rio de Janeiro, março de 1986

INTRODUÇÃO

Para Simmel a sociabilidade é a *play-form* (forma lúdica) da associação. Sua principal característica é não estar presa a necessidades e interesses específicos. Mas o autor chama a atenção de que em todos os tipos de associação, de alguma maneira, a sociabilidade está presente:

> Mas acima e além de seu conteúdo específico, todas essas associações estão acompanhadas por um sentimento positivo, por uma satisfação pelo próprio fato de se estar associado a outros e de a solidão do indivíduo ser resolvida através da proximidade, da união com outros (Simmel, 1971, trad. da p. 128).

O exercício da sociabilidade mesclada a condutas movidas por objetivos e interesses específicos é, no entanto, depurado por Simmel, que constata a existência da sociabilidade como um fim em si mesmo, algo difícil de ser compreendido pelos materialistas de todas as épocas. No entanto, os antropólogos conhecem autores como Mauss e Lévi-Strauss que, através de caminhos diferentes, também contribuem para a compreensão desse domínio, esfera ou forma social.

Nem o homem político, nem o homem econômico, mas o homem social propriamente dito que, por definição, interage com os outros e assim constitui a sociedade, ao mesmo tempo, que vai sendo constituído, num processo permanente, sem fim.

Mas Simmel, por outro lado, acredita no indivíduo não apenas como unidade biológica passível de ser representada como valor básico em certas culturas. Por esse caminho, a sua preocupação com a *subjetividade* é fundamental para o meu trabalho, particularmente neste livro. O homem é um organismo superior, com um *self* cujas potencialidades podem ser desenvolvidas. Não preciso insistir que Simmel coloca-se dentro de uma longa e complexa tradição do pensamento ocidental, em que a idéia de *uniqueness* do indivíduo é crucial. Toda a idéia de *self-cultivation*, presente, de uma maneira ou de outra, em pensadores como Goethe, reaparece com todo o vigor em Simmel, através da noção de *cultura subjetiva* (*subjective culture*). Para ele, existe uma *cultura objetiva* (*objective culture*) externa ao indivíduo, sempre interagindo com ele. Mas são dimensões diferentes, sem relações mecânicas. A *cultura objetiva* de uma sociedade pode ser complexa, diferenciada, heterogênea, e a *cultura subjetiva* de seus membros pode nada ter a ver com isso. Este, aliás, seria um dos paradoxos da modernidade, pois o desenvolvimento da tecnologia e da civilização material, a complexificação e fragmentação da vida social não produziriam indivíduos com uma *cultura subjetiva* mais elaborada. Segundo vários pensadores dar-se-ia exatamente o contrário. No entanto, para mim, neste momento é mais relevante mostrar como Simmel distingue a cultura *objetiva* da *subjetiva*. Esta deve ser compreendida como uma totalidade cujo aperfeiçoamento passaria pela busca de harmonia entre as diferentes potencialidades, capacidades, características. Diz o autor, a respeito da sociedade moderna:

> Em um sentido mais preciso, os dois usos do conceito de cultura não são absolutamente análogos, pois a cultura subjetiva é o objetivo principal. Sua medida é a extensão em que o processo de vida psíquica utiliza esses bens e realizações objetivas. Obviamente não pode haver cultura subjetiva sem cultura objetiva, pois o desenvolvimento ou a condição de um sujeito é a cultura, através da incorporação de objetos cultivados com que se defronta. Em contraste, a cultura objetiva pode ser parcialmente independente da cultura subjetiva, na medida em que foram criados objetos "cultivados" – ou sendo cultivados – para fins culturais que não se limitam a sua utilização por sujeitos. Particularmente em períodos de complexidade social e de intensa divisão do trabalho, as realizações da cultura constituem, por assim dizer, um domínio autônomo. As coisas tornam-se mais aperfeiçoadas, mais intelectuais e, de certa forma, mais controladas por uma lógica objetiva interna ligada a sua instrumentalidade. Mas a elaboração, o cultivo supremo, que é o dos sujeitos, não cresce na mesma proporção. Na realidade, diante do enorme desenvolvimento da cultura objetiva, onde o mundo das coisas é partilhado por incontáveis trabalhadores, a cultura subjetiva não poderia desenvolver-se. Assim, pelo menos até aqui, o desenvolvimento histórico tem se dirigido a uma crescente e constante separação entre a produção cultural objetiva e o nível cultural do indivíduo. A dissonância da vida moderna – em particular como se manifesta no desenvolvimento da técnica em todas as áreas e a concomitante e profunda insa-

> tisfação com o progresso técnico – é causada, em grande parte, pelo fato de que as coisas estão ficando cada vez mais cultivadas, enquanto os homens estão cada vez menos aptos a transpor a perfeição dos objetos para o aperfeiçoamento da vida subjetiva (Simmel, 1971, trad. da p. 234).

Estou fundamentalmente interessado em, a partir dessas reflexões de Simmel, estabelecer algumas relações entre subjetividade e sociabilidade. Parece-me, de saída, que, ainda na pista de Simmel, o desenvolvimento de *culturas subjetivas* pode estar associado ao exercício de *atividade associativa*. Creio que a *sociabilidade*, propriamente dita, pelo menos em certos grupos sociais, pode ser vista como um caminho privilegiado para tal desenvolvimento.

A tradição de Simmel, e a sua própria releitura, é importante na obra de autores que muito me influenciaram, como Howard S. Becker e Erving Goffmann. Outros cientistas sociais como G. H. Mead e H. Blumer, ligados ao interacionismo, renovaram e reinterpretaram noções e conceitos que aqui discuto. Já mencionei outra tradição – a da Escola Sociológica Francesa – como particularmente relevante para estabelecer pontes entre o subjetivo e o social. É um terreno complexo e movediço onde tento me movimentar há algum tempo e onde, eventualmente, sinto perder o pé, mas é cada vez mais um desafio instigante, não apenas como uma aventura de conhecimento, mas existencial em seu sentido mais amplo. Nesses termos, mesmo de maneira diletante e amadorística, é razoável frisar a importância na minha formação de autores ligados às correntes existencialistas, como Sartre e Camus. Creio que a influência desse pensamento no meu trabalho está pelo menos implícita.

A matéria-prima que utilizo para tentar testar essas e outras idéias é o material de vários anos de pesquisa, acompanhado, necessariamente, de uma auto-reflexão, pois sempre me vejo fazendo parte do universo social com que tenho lidado.

Já em várias ocasiões tive oportunidade de escrever sobre questões metodológicas decorrentes e características de pesquisa dessa natureza (ver, por ex., Velho G., 1981). Na realidade, creio que, mais ainda neste livro, se trata de discussão sobre o processo de conhecimento em ciências sociais, em geral; e em antropologia, particularmente.

Lido com indivíduos que narram suas experiências, contam suas histórias de vida para um pesquisador próximo, às vezes, conhecido. As preocupações, os temas cruciais são, em geral, comuns a entrevistados e entrevistador. A conversa não é sobre crenças e costumes exóticos à socialização do pesquisador. Pelo contrário, boa parte dela faz referência a experiências históricas, no sentido mais amplo, e cotidianas também do meu mundo, e às minhas aflições e perplexidades. Eu, o *pesquisador*, ao realizar entrevistas e recolher histórias de vida, estou aumentando diretamente o meu conhecimento sobre a minha sociedade e o meio social em que estou mais diretamente inserido, ou seja, claramente envolvido em um processo de autoconhecimento.

É importante salientar que este não é o objetivo principal de meu trabalho como antropólogo. No entanto, quando elegi a minha própria sociedade como objeto de pesquisa, assumi, desde o início, que fatalmente a minha subjetividade deveria ser, permanentemente, não só levada em consideração, mas incorporada ao processo de conhecimento desencadeado (ver, por ex., Velho G., 1973).

Ou seja, deveria tentar não escamotear sua "interferência" mas aprender a lidar com ela. Assim permaneci comprometido com a obtenção de um conhecimento mais objetivo, sem que isso significasse uma estéril tentativa de anulação ou neutralização de meus sentimentos, emoções, crenças.

Não reivindico total originalidade nessa tentativa. Nem pretendo ser programático e passar a recomendar *ex-cathedra* o meu trabalho como exemplar ou paradigmático. Meu compromisso com a didática e a pedagogia não se dá nesse nível. Gostaria de salientar que creio na existência de vários caminhos possíveis dentro das alternativas da pesquisa antropológica. Há diferentes tradições, ênfases e modelos. Ainda não estou preparado para construir meu próprio mito. Não é minha intenção vir a fazê-lo. O que importa é, sem ferir os padrões minimamente consensuais da atividade de pesquisa na nossa área de conhecimento, abrir espaço para investigações e trabalhos apoiados em mais liberdade, livres de certas camisas-de-força que cerceiam a criatividade.

Há muitas questões neste livro que estão indissoluvelmente vinculadas. Enumerá-las, didaticamente, não me parece tarefa estimulante. Cabe ressaltar no entanto, que a minha preocupação central, que pode sensibilizar ou não os eventuais leitores, é a do *sujeito no mundo*, se é que isto ainda não ficou claro. A minha *pesquisa-diálogo* aqui apresentada em pequenos capítulos fica em torno, de uma maneira ou de outra, dessa temática. A clássica dicotomia indivíduo-sociedade, as ideologias individualistas, a problemática da aliança, os códigos contraditórios, tudo isso remete à problemática do sujeito. Ao privilegiar *subjetividade* e *sociabilidade*, estou sugerindo o retorno, a retomada de discussões antigas mas que estão longe de terem sido esgotadas. Isto também se deve ao próprio discurso do universo investigado, assim como às observações que realizei durante todo o período de trabalho mais sistemático. O *ethos* e a visão de mundo analisados focalizam com muita ênfase a sociabilidade num sentido muito próximo ao de Simmel, com a valorização das amizades, dos encontros, das reuniões, despidos de um caráter mais *instrumental*. As conversas, os diálogos e tertúlias aparecem sempre como uma atividade que se justifica por si mesma. As festas mais fechadas e restritas de grupos de pares, onde as pessoas procuram reforçar seus laços e vínculos, aproximam-se muito de uma perspectiva que avalia o desenvolvimento de uma *cultura subjetiva* associada a uma *sociabilidade* qualificada.

Por tudo isso, não creio que trabalhe com *informantes* no sentido tradicional do termo. Sobre isto, creio ser interessante insistir um pouco. Através de observações, entrevistas, reuni um material que me fornece a matéria-prima para a redação de um *texto*. Este tem vários níveis e momentos. É importante frisar que mesmo quando apresento resumos de histórias de vida, produto de entrevistas gravadas ou anotadas, não estou, em nenhum momento, transcrevendo direta e simplesmente gravações ou copiando anotações. De fato, estou produzindo um texto que é de minha responsabilidade enquanto *autor*. Os cortes que faço, os indivíduos que privilegio, tudo isso delineia o âmbito de arbitrariedade em que se move o *pesquisador-autor*. Nesse sentido Paulo, Carlos, Norma, Luiza etc. são de alguma maneira *personagens*, fazendo com que as fronteiras entre um conhecimento científico, objetivo, e uma interpretação de natureza mais artística, subjetiva, não sejam tão óbvias. Certamente, esses *personagens* falam, também, por mim enquanto membro de um grupo, de um segmento da sociedadade brasileira. Ao retraduzir seus discursos, suas observações, apresentando-os através de um texto *meu*, de alguma forma estou misturado às suas falas, perplexidades, dúvidas e hesitações. É claro que não pretendo simplesmente confundir o meu discurso de antropólogo com o dos meus *personagens*. Há uma preocupação teórica que é particular aos meus interesses, à minha formação, e que estabelece um distanciamento.

Por outro lado, como autor do texto assumo, sem dúvida, um papel de *demiurgo*, cortando falas, agrupando-as segundo meus critérios, resumindo, sintetizando, intervindo. O próprio fato de destacar temas e conteúdos específicos imprime a marca de interventor. Uma vez explicitando o que nem sempre é óbvio, cabe registrar que a preocupação com o *sujeito no mundo* é minha, mas estou convencido de que, em outros termos, é marca característica e vigorosa do *ethos* do universo aqui apresentado. Uma das questões que quero salientar com destaque especial é aquela que coloca a relação *self-sociedade*. Há toda uma vertente teórica em ciências humanas que vê seja o *self*, o espírito, o ego, a alma, o indivíduo ou a consciência como anteriores ao processo de interação social.[1] Por outro lado, essa é vista por outra tradição como construtora, constituinte do *self* ou mesmo do indivíduo enquanto valor.

Assim, seja a interação, a sociedade ou a cultura, a *subjetividade* – o *interno* – é produzida, condicionada, fabricada pelo *externo*. O indivíduo ou o *self*, dependendo da vertente, é essencialmente *social*. Ou como representação ou como conteúdo, o *interno* só pode ser explicado pelo *externo*. Dependendo da teoria, a ênfase pode ser colocada na ideologia individualista, no desempenho de papéis, na divisão social do trabalho etc. Já na primeira vertente mencionada, o *self* como *conceito, noção* ou *conteúdo*, pode e deve ser distinguido de seu desempenho, *performance* e atualização no mundo. Pode ser visto em termos de anterioridade lógica, de potência, de estrutura, essência. A idéia de *inner self* é bastante conhecida entre os interacionistas como algo que pode ser apreendido ou deduzido por detrás do desempenho dos diferentes papéis sociais. Em outros termos, colocam-se questões que podem ser dramáticas – eu sou o que os outros acham que sou? Sou o que faço? Sou o somatório dos diversos papéis que desempenho e, portanto, de minhas diferentes *performances*? Ou então – tenho uma marca anterior ao que faço e aos papéis que desempenho? Tenho um *self* independente da visão que o(s) outro(s) tem de mim? Trata-se da clássica discussão que atravessa o pensamento ocidental sobre a elaboração da identidade social e individual.

---

[1] Obviamente, as diferenças entre essas posturas são notáveis. Apenas para os fins amplos de uma colocação como esta que faço, é que se justifica alinhá-las desta forma.

As entrevistas, depoimentos e observações que apresento neste trabalho, de alguma forma, levam-me a interpretá-las dentro dessa preocupação. Como se pode ser sujeito no mundo? Quão significativas são as diferenças individuais? O que é comum a uma geração e a um grupo? Como são produzidas nossas *performances*? E mais uma vez, como se relacionam subjetividade e sociabilidade?

Não tenho, como sempre, respostas definitivas mas indicações, pistas, sugestões, com todos os meus *bias*, idiossincrasias apesar ou por ser antropólogo.

Os indivíduos que, como conjunto, constituem o meu *universo de pesquisa* são, basicamente, membros das camadas médias superiores, residentes na Zona Sul do Rio de Janeiro. Em termos analíticos, configuram uma *categoria social específica*, conforme procuro demonstrar, levando em consideração, inclusive, a dimensão *geracional*.

Pode-se dizer que formam uma *rede social*, na medida em que quase todos estão relacionados, mesmo que indiretamente. Dentro do *universo da pesquisa* por outro lado, encontro, eventualmente, *grupos* de indivíduos que interagem de forma regular e que chegam a se autodefinir, em certos casos, como *grupo*.

São os seus depoimentos, histórias de vidas e as observações que pude fazer sobre suas vidas que fornecem as bases para as minhas hipóteses e reflexões.

1

ALIANÇA E CASAMENTO NA SOCIEDADE MODERNA: Separação e Amizade

Cada vez mais a antropologia tem procurado definir as características da sociedade moderna contemporânea. Dentro de sua tradição, essa tentativa tem como referência contrastiva as sociedades tribais e tradicionais. Entre os diversos aspectos que são tomados para efetuar este contraste, há um de especial importância e que será fundamental para o desenvolvimento deste trabalho. Trata-se da questão do código da aliança, de sua existência e de sua importância relativa em diferentes sociedades e culturas. Embora Lévi-Strauss (1958 e 1962) seja o principal expoente e articulador teórico desta problemática, há todo um vasto campo de debate repleto de nuances em que muitos autores, de diferentes tendências, aparecem. Frise-se que o tema da aliança está imediatamente associado ao da reciprocidade, principalmente através das formulações de Malinowski (1961) e Mauss (1968). Portanto, é peça essencial para o desenvolvimento de importantes teorias sobre a sociedade, sua organização e sua estrutura.

O casamento, dentro do código da aliança, estabelece relações entre *grupos* através da união de seus membros. Inclui-se e, ao mesmo tempo, produz reciprocidade nos mais diferentes níveis da vida social. Estabelece canais de comunicação, delimita fronteiras e elabora identidades.

Por outro lado há uma forte ênfase em trabalhos e tradições variadas sobre o caráter individualista da sociedade moderna.[1] *Individualismo* tem diversas acepções e, portanto, dá margem a discussões um tanto desencontradas. Entende-se aqui que significa uma valorização, ao nível da representação, da ideologia, do *indivíduo biológico* como sujeito, unidade mínima significativa da vida social (para maiores esclarecimentos ver Dumont, 1970 e 1977).

Neste sentido, como já escrevi em outras oportunidades (espec. Velho, G., 1981, Cap. I), não há como falar em *individualismo* pura e simplesmente mas em *individualismos*, desde que há várias maneiras de realizar o movimento desta valorização. O(s) domínio(s) onde a ideologia individualista vai se expressar com mais nitidez e vigor é que a qualificará. A construção do sujeito pode ter como referências básicas o econômico, o político, a sexualidade, o discurso etc., com diferentes pesos e ênfases (ver Foucault, 1981). Sem dúvida, de alguma maneira, esses domínios podem se articular mas, em princípio, há um foco principal de onde se irradiam experiências e valores, com maior ou menor intensidade e coerência.

A idéia de uma *psicologização* da sociedade procura, justamente, dar conta do que seria um processo generaliza-

---

[1] Ver, entre outros:
SIMMEL, G. "A Metrópole e a Vida Mental". *In*: VELHO, O.G., 1967, pp. 13-28.
WIRTH, L. "O Urbanismo como Modo de Vida". *In*: VELHO, O.G., 1967, pp. 97-122.
LASCH, C., 1978.

do em que o *sujeito psicológico* passa, de fato, a ser a medida de todas as coisas (ver Figueira, 1978 e Duarte, 1983). Não é o homem econômico ou político mas o indivíduo portador de uma especificidade *interna particular* – de caráter, personalidade, psiquismo etc. – que se torna a referência dominante em um discurso que tende a se espraiar, culminando nas diversas correntes psicanalíticas.

O universo de camadas médias da Zona Sul do Rio de Janeiro que venho pesquisando há vários anos é intensamente psicanalizado (ver, por ex., Velho G., 1975, 1976 e 1981). Não só boa parte dos indivíduos já se submeteu a diferentes tipos de terapia de base analítica, como as categorias e o discurso psicanalítico impregnam seu cotidiano, de maneira mais ou menos consistente.

A valorização do indivíduo passa, portanto, por um modelo psicologizante, quando não psicanalítico propriamente dito. Assim, existe uma forte ênfase na "descoberta de si mesmo", na "liberação das repressões", na "busca da autenticidade",[2] focalizando sempre as possibilidades de realização e/ou expansão de uma individualidade aceita como premissa.

---

2 As expressões aspeadas são extraídas dos discursos do universo investigado.

É a partir desse panorama, em que se configura um *ethos* fortemente marcado pela psicologização, que procurarei retomar a problemática da aliança e, particularmente, do matrimônio.[3]

O casamento, pelo menos para os setores mais modernos da sociedade contemporânea, é caracterizado como sendo uma escolha recíproca, baseada em critérios afetivos, sexuais e na noção de amor. Mais uma vez a idéia do *sujeito* atuando, operando e optando é dominante. No entanto, há que nuançar este quadro em se tratando de sociedades e grupos sociais específicos, mesmo aqueles considerados como mais modernos, ao nível do senso comum. Por exemplo, no universo estudado há vários casos evidentes da importância crucial das famílias de origem na efetivação de certos matrimônios, facilitando ou criando obstáculos a sua realização. A expressão "fazer gosto" por mais que soe antiquada e/ou tradicional faz parte da experiência de indivíduos que se casaram, pela primeira vez, há 10, 15, no máximo 20 anos. Assim, pais e parentes podiam "não fazer gosto" pelo casamento de uma filha com um homem de *status* social considerado inferior, ou de um filho com uma moça cujo vocabulário soava menos convencional. Geralmente a opinião, aceitação ou rejeição por parte das famílias foi, pelo menos, uma referência fundamental para o casamento, mesmo no caso dos chamados *casais moder-*

---

3 Comecei a examinar essa questão em minha tese de doutoramento *Nobres e anjos – Um estudo de tóxicos e hierarquia*, 1975. Mas retomei, recentemente, o tema por considerá-lo relevante para a compreensão de mudanças culturais significativas no universo de camadas médias urbanas.

nos,[4] que valorizam fortemente o aspecto intransferível da escolha pessoal. A questão é saber até que ponto, em grupos sociais como o investigado, o estabelecimento do vínculo matrimonial, sua estabilidade e eventual término são assuntos das famílias de origem e como se delineiam as relações sociais nesse contexto.

Fica claro que, na grande maioria dos casos, encontra-se a dimensão da aliança enfatizada em diferentes instâncias. Estão em jogo identidade, interesses e valores de grupos que se vincularam através de dois de seus membros. No caso de haver filhos, há também netos, sobrinhos etc. Registre-se que além do casamento propriamente dito (religioso ou civil), rituais como aniversários, batizados, Natal, entre outros, são ocasiões de encontro dos dois grupos. Troca de favores e de presentes, apoio na busca ou na melhoria de emprego, todo um sistema de expectativas é gerado, envolvendo parentes. Mesmo mais distantes, como primos, cunhados etc. É importante observar que este tipo de aliança envolve não só *parentes* como *amigos*. Redes de sociabilidade são fortalecidas ou criadas através da união de dois indivíduos. Sem dúvidas, há os casos notórios de afastamento de pessoas que não se dão bem com um dos cônjuges. Isto é mais provável de ocorrer com o *amigo* ou com o *parente distante* do que com o *parente próximo*, quando os laços e obrigações costumeiramente apresentam uma carga bem maior. De qualquer forma, delineia-se um conjunto novo, reunindo parentes e amigos dos dois mem-

---

4 Ver os trabalhos de Maria Luiza Heilborn: "Compromisso de Modernidade – Casal, vanguarda e individualismo" (1980) e "Notas para um Estudo sobre Casais: A fidelidade em questão" (1981).

bros do casal, definindo uma rede de relações sociais, com novos papéis, tipos de solidariedade e situações de sociabilidade. Assim, a irmã do marido pode tornar-se amiga de sua nova cunhada, como podem desenvolver-se laços antes inexistentes entre pessoas que mal se conheciam, com novas intercessões e cruzamentos na rede. As festas são ocasiões privilegiadas para essas observações, com rituais de incorporação e integração progressiva dos dois grupos. Pode-se argumentar que, em alguns casos, já existia basicamente *um grupo*, pois os esposos, companheiros etc. já eram membros de um conjunto bem definido. Mas mesmo quando é este o caso há um reforço, através do casamento, e uma maior legitimação dos laços. Amigos podem tornar-se cunhados, compadres, concunhados, co-sogros, adicionando características novas às relações preexistentes. Há casos de pessoas tornarem-se sócias em diferentes tipos de empreendimento. Por outro lado, os filhos de irmãos, primos e amigos passam a freqüentar-se, crescem juntos, vão às mesmas festas, ao mesmo ponto na praia, passam fins de semana juntos etc. Estabelece-se, com isto, um convívio com *intimidade*.

No universo em pauta os amigos podem ser tão ou mais significativos do que os parentes, em termos de freqüência de contato, apoio cotidiano e compartilhar de dificuldades. Isto não significa que pais e irmãos, principalmente, não participem de maneira relevante na vida dos casais. Isso fica mais evidente quando há necessidade de algum tipo de suporte financeiro por parte das famílias de origem. Casais jovens, em etapas iniciais de suas trajetórias profissionais, com filhos pequenos, dependem em vários planos do apoio dos pais e sogros. Não só dinheiro mas roupas, presentes de todos os tipos, facilidades e tempo para tomar conta das crianças são parcialmente supridos pelas famílias, particularmente pelos pais. É interessante verificar que o fato de ter filhos marca um importante momento do ciclo doméstico, fazendo com que, geralmente, haja uma reaproximação com a família de origem. É bom lembrar que, em muitos casos, houvera um afastamento nem sempre amistoso em nome de liberdade, desrepressão, independência, autonomia. Em certas histórias de vida há momentos de rompimento radical e rejeição dos laços e compromissos familiares. O casamento, implica, obviamente, um afastamento, marcado ritualmente, das famílias de origem. Esse processo pode ser vivido de maneira mais ou menos conflitiva. Com o passar do tempo e com o nascimento de filhos, ainda na própria gravidez, há uma reaproximação e, paralelamente, um estabelecimento de maiores contatos entre as famílias de marido e mulher. Mesmo não havendo filhos define-se, de qualquer forma, um conjunto novo de relações sociais, com contatos novos ou mais intensos entre indivíduos que têm papéis sociais redefinidos.

7

A crise conjugal e a separação alteram drasticamente este conjunto e a rede de relações constituídos através do casamento que agora se desfaz. Não só as duas famílias de origem – avós, irmãos, cunhados, tios, primos etc. –, mas os amigos do casal sofrem as conseqüências do evento, havendo, forçosamente, uma reestruturação e remapeamento do campo social. Pessoas que tinham relações de parentesco por afinidade deixam de ter. Quem era cunhado, concunhado, sogro, genro, nora etc., passa à categoria de *ex-parente*. De alguma maneira, trata-se de uma aliança desfeita. Uma vez mais, havendo filhos, há maiores probabilidades de se se manter não só algum tipo de contato, mas a necessidade da permanência de laços de cooperação, sem dúvida, alterados. Isso não exclui a existência de rompimentos drásticos, com as pessoas deixando de se ver literalmente. Um dos casos registrados é de um ex-casal, com dois filhos, quando o pai e a mãe ao separarem-se depois de seis anos de matrimônio, nunca mais tornaram a se ver, já decorridos mais de quatro anos de separação. Agem como intermediários parentes, amigos ou empregados, como elos imprescindíveis em função das crianças. É um caso limite mas não é isolado. Ou seja, pessoas que se encontravam com regularidade e freqüentavam umas as casas das outras, deixam de se ver. Isto pode ser um movimento deliberado ou apenas circunstancial. Mas, de uma forma ou de outra, o conjunto de relações que havia se constituído, tendo como foco o casal, se desfaz com a sua separação. Isso não impede que relações *individualizadas* possam se manter. Mas a fissão do conjunto, previamente existente, é um fato indiscutível.

Em casos de separação conflituosa, com acusações de infidelidade, violência, desonestidade etc., estabelecem-se verdadeiras facções. Há situações em que um dos membros do casal é colocado como um verdadeiro réu, mas sempre haverá um setor, por menor que seja, do conjunto anterior, que lhe será solidário. Em casos desse tipo, o caráter dramático da separação fica mais flagrante, embora esteja sempre presente. Há confronto entre atores, uma disputa por legitimidade, prestígio, estima e reconhecimento social. A responsabilidade pelo *fracasso* do casamento (da aliança?) é que está essencialmente em jogo. São discutidos papéis e paradigmas estão em questão; o bom pai, a boa mãe, o marido e a esposa. São apresentadas versões, interpretações são cotejadas. O boato, a intriga, a inconfidência perpassam a antiga rede, criando clivagens e acentuando diferenças de ponto de vista. Não é incomum a chamada "epidemia" quando, em períodos limitados e concentrados de poucos meses, separa-se alta proporção dos casais do conjunto estabelecido através de anos de interação.

Em determinados momentos parece estabelecer-se forte solidariedade entre as mulheres *versus* os homens, mas nem sempre isso acontece. Amigos de sexo diferente podem estreitar sua relação, dando margem a conjecturas sobre a sua natureza. No universo estudado, constituído por pessoas de nível universitário, cosmopolitas, pode haver grande variação no grau de tolerância às amizades heterossexuais. Em situações de crise e separação gera-se, muitas vezes, a expectativa de que os amigos do homem devam evitar sua ex-mulher. Trata-se de situação perigosa que pode acentuar ainda mais o processo de fissão. Depois de alguns meses de uma separação, pode-se traçar um mapa social bastante diferente, não só como resultado das fissões e facções, como do contato com outras redes sociais e conjuntos onde os ex-cônjuges, eventualmente, podem buscar novos espaços e contatos. Fazer novas amizades, restabelecer antigas, explorar outros ambientes, parece ser um processo bastante típico de uma sociedade metropolitana, altamente diferenciada, que permite um campo de manobra maior do que sociedades tribais, camponesas, tradicionais. É por aí que o *individualismo* do habitante da grande metrópole encontra base, estímulo e espaço para a expressão. Não se trata da existência de compartimentos estanques. Pelo contrário, a diferenciação implica a proliferação de contextos, domínios e situações, com um certo grau de fluidez. O número de indivíduos não é importante, mas sim a multiplicidade de alternativas contextuais.

Com tudo isso, coloca-se o problema de verificar o estatuto de um código de aliança na sociedade contemporânea e, mais particularmente, sua pertinência para a compreensão do *ethos* e da visão de mundo de grupos e segmentos específicos. Talvez o universo pesquisado seja um caso limite dentro da sociedade brasileira mas, de qualquer forma, levanta questões gerais sobre casamento, família, parentesco e amizade na grande metrópole.[5] O fato de ser um segmento de camadas médias, com alguma especificidade, pode ajudar a explicitar a tensão entre individualizar-se e incorporar-se ou ser englobado. A aliança entre os grupos é relativamente precária se comparada com outras sociedades estudadas por antropólogos. É instável e cheia de ambigüidades. Obviamente, o domínio e a linguagem do parentesco não têm um papel determinante, comparável ao de sociedades tribais, não podendo, no entanto, ser simplesmente descartados pois, como se viu, têm alta significação na construção da identidade individual. Esta é elaborada a partir da própria

---

[5] Ver "Psicanálise do Casamento", de Jane Russo e Tania Coelho dos Santos. *In*: FIGUEIRA, S.A. e VELHO, G., 1981.

diferenciação da sociedade moderna metropolitana, com sua heterogeneidade e seus múltiplos domínios. Isto se acentua, em se tratando de um segmento com grande mobilidade, apoiado por forte ideologia individualista. As pessoas circulam mais por diferentes *regiões morais*[6] do que uma pequena classe média da Zona Norte do Rio de Janeiro, ou a maioria dos grupos de baixa renda. Essa camada média intelectualizada, psicologizada, de Zona Sul, conta com recursos materiais e simbólicos que permitem que sua identidade dependa menos da família, ou de uma rede de vizinhança como grupo de referência mais exclusivo.

É interessante verificar como ficam as pessoas separadas que passam a viver, tendo ou não filhos, *sós* – sem marido ou mulher. Da mesma forma, é importante registrar um número não-desprezível de adultos solteiros – homens e mulheres que, simplesmente, não se casam. Se há muitas situações de pessoas separadas que tornam a se casar, duas, três ou mais vezes, encontra-se também a opção de não voltar à situação matrimonial ou jamais tê-la. Neste último caso, em princípio, não há filhos, embora encontrem-se algumas mães solteiras que, deliberadamente, optam por engravidar mesmo sem perspectiva de casamento.

O fato é que se elaboram estratégias de sobrevivência, baseadas em crenças e valores, que permitem a constituição de identidade, não passando pelos mecanismos clássicos de aliança. A ideologia individualista, como se manifesta neste segmento, permite ao indivíduo manter-se, enquanto membro de uma rede de sociabilidade que pode in-

---

[6] Ver o clássico texto de Robert E. Park "A Cidade: Sugestões para a investigação do comportamento humano no meio urbano". *In*: VELHO, O.G., 1967, pp. 29-72.

cluir sua família de origem, mas que se centra, basicamente, em torno da *amizade* enquanto valor. Não creio que a *amizade*, de alguma maneira, substitua o parentesco. Parece-me que a importância dos *amigos* gira em torno da especificidade da vida dos segmentos mais individualizados na sociedade metropolitana moderna. A valorização e a possibilidade de *escolha* reforçam a autopercepção do indivíduo. Nem o parentesco, nem a religião englobam esses indivíduos que circulam entre diferentes domínios e instituições. A própria possibilidade de casar-se, separar-se e tornar a se casar está associada a essa experiência sociocultural. Mas o casamento, mesmo nas situações mais vanguardistas, implica um tipo de compromisso diferente do da amizade.

Seria muito interessante aprofundar em termos de análise de *ethos*, a noção de *amizade colorida* que implica relações afetivas e sexuais que não constituem um casamento, mas que não se esgotam em encontros isolados. Esse tipo de relação, que parece ser cada vez mais valorizado no *universo investigado*, se caracteriza pela não co-habitação, por uma relativa independência econômica e financeira e uma forte ideologia de liberdade sexual. A *autonomia* do indivíduo e sua *liberdade* aparecem como valores básicos. No caso das mulheres este tipo de situação pode levar a uma tensão permanente com sua família de origem que sempre procura exercer algum tipo de controle social. Não se pode imaginar que a problemática da *honra* não exista neste universo, e o comportamento moral e sexual das mulheres é foco privilegiado para evidenciar isto.[7] O bom no-

[7] Em termos de sociedade brasileira, uma contribuição relevante para a problemática da honra é o artigo de Luiz Tarlei de Aragão "Em nome da Mãe". *In*: FRANCHETTO *et alii*, 1983.

me da família, o zelo pela moral e integridade dos filhos são alguns argumentos acionados nessa busca de controle. É importante lembrar, mais uma vez, que desfeita a aliança com o fim do casamento, tende a aumentar a dependência em relação à família de origem. No caso da mulher que fica com os filhos, isso se torna mais agudo. De qualquer forma, homem ou mulher, o separado ou o solteiro, encontram espaço neste universo para a elaboração de uma identidade, apoiados em outros domínios como o *trabalho* que, sem dúvida, é dos mais significativos.

A rede de amigos e a sociabilidade por ela permitida fornecem outras alternativas que, no quadro da grande metrópole, associadas às opções de espaços e contextos diferenciados, possibilitam um campo de manobra maior e mais rico do que em sociedades de pequena escala ou em cidades do interior. Os projetos individuais se viabilizam através de formas de reciprocidade regidas por normas talvez mais ambíguas, mas com um variado leque de alternativas. Existem amizades *duradouras* mas o importante é que se podem fazer ou desfazer. Ou seja, se os laços entre amigos não obedecem a padrões rigidamente definidos de trocas e obrigações, há maiores possibilidades de se estabelecer novas relações que substituam, completem ou ampliem as tradicionalmente dadas pelo universo da família e do parentesco em geral, onde o código da aliança se expressaria com maior nitidez. A amizade não pode ser definida negativamente ou como complementar aos laços de parentesco. Trata-se de um tipo de sociabilidade específica, caracterizada pela grande ênfase da *liberdade de escolha individual*. É evidente que há uma relação entre a possibilidade de separar-se e a mobilidade e plasticidade do domínio da *amizade*.

A separação de casais cada vez mais freqüente e o

maior número de adultos vivendo sozinhos apontam, no universo pesquisado, para diferentes formas de sociabilidade e construção da identidade social. Sem dúvida, estamos diante de mudanças significativas, tanto ao nível da prática como das representações, no tocante à relação do indivíduo com a sociedade em que se insere. É uma questão a ser verificada, empiricamente, a extensão e profundidade dessas transformações.

2

A BUSCA DE COERÊNCIA
Coexistência e Contradições

O processo de psicologização da sociedade é comumente visto como contínuo, homogeneizador e progressivo.

Desejo mostrar, a partir de pesquisas no universo de camadas médias cariocas, que, na verdade, esse processo é bem mais complexo e está longe de dar conta das diversas visões de mundo existentes na sociedade brasileira, mesmo nos seus segmentos usualmente reconhecidos como mais expostos a uma socialização em que a psicologia, a psicanálise etc. exercem papel fundamental.[1]

No capítulo anterior, procurei apontar para o fato de que, ao lado das ideologias individualistas que permeiam o referido universo, encontram-se mecanismos socioculturais em que a reciprocidade entre grupos, particularmente de parentesco, ocupa posição central na construção e elaboração das identidades sociais dos indivíduos. Ao tratar do tema da separação de casais, procurei ressaltar o seu significa-

[1] Luiz Fernando Dias Duarte, por exemplo, tem-se dedicado a investigar o universo das classes trabalhadoras, demonstrando a existência de outros sistemas de representações, diversos dos aqui expostos. Ver DUARTE, 1986.

do e a sua repercussão para uma rede de relações mais ampla, envolvendo parentes e amigos. Ou seja, por mais que o casamento, a união entre dois parceiros, esteja envolvido por um forte halo de escolha, de opção, de liberdade, fica claro que está fortemente vinculado e ancorado a um conjunto mais abrangente, que é legitimado por valores e representações em que o indivíduo está longe de ser a força-motor ou o ponto nodal.

Este trabalho, assim como todo este livro, tem, forçosamente, uma forte dimensão autobiográfica que talvez convenha mais uma vez explicitar. Os problemas e questões aqui expostos foram ou são, de um modo geral, vivência minha, na medida em que faço parte do universo objeto desta reflexão. Isto não chega a ser uma enorme novidade, mas convém deixar claro para possibilitar, inclusive, eventuais questionamentos sobre a natureza do conhecimento aqui apresentado. Seria o caso, também, de dizer que qualquer semelhança com amigos e conhecidos não é mera coincidência.

Uma das características básicas para a definição da sociedade complexa moderna é a existência de múltiplos domínios que, embora coexistam relacionados, apresentam especificidade e relativa autonomia.[2] Em outras palavras, há diferentes códigos operando em função das diferenças de domínio. Assim, registram-se, por exemplo, a família e o parentesco, o trabalho, a política, a amizade, a religião, a sexualidade, o lazer etc. Obviamente, esta classificação implica distinções, por parte do investigador, que se referem, em princípio, às representações existentes na própria sociedade. Por outro lado, as noções de sociedade e cultura, por si mesmas, têm a dimensão de abrangência pretendida por investigadores que buscam uma lógica e coerência sistêmicas entre os diferentes domínios (ou níveis) da vida social. Um dos meus propósitos, neste capítulo, é apontar como a especificidade desses domínios está associada a diferenças de *ethos* e representações do próprio indivíduo, gerando algumas das características mais marcantes e dramáticas da nossa sociedade. Cabe frisar que esta se distingue das tradicionais e tribais, entre outras singularidades, pelo fato de se ter constituído como um fenômeno de massas que é complementar ao seu alto processo de diferenciação e heterogeneização. Particularmente na grande metrópole isto vai ficar mais evidente. Encontra-se grande número de indivíduos, de forma inédita na história da humanidade, diferenciados a partir da divisão social do trabalho, de grupos de *status*, de origem étnica e regional, de crenças religiosas e de uma longa série de atividades, ocupações e valores.

Os grupos que estou particularmente interessado em discutir, dentro do universo de camadas médias, aparecem

---

2 Ver VELHO, G. e VIVEIROS DE CASTRO, E., "O Conceito de Cultura e o Estudo das Sociedades Complexas", 1978.

como os portadores mais característicos da vertente psicologizante das ideologias individualistas. De uma maneira esquemática, podemos diferenciar essas ideologias em função da maior ou menor ênfase e importância que dão aos domínios do *público* e do *privado*. Ora, no discurso psicologizante, particularmente na psicanálise, sem querer ignorar os diferentes matizes e variações, é justamente a dimensão *privada* mais intimista que é incorporada por esses grupos de camadas médias da Zona Sul carioca. "A idéia de uma *psicologização* da sociedade procura, justamente, dar conta do que seria um processo generalizado, em que o *sujeito psicológico* passa, de fato, a ser a medida de todas as coisas (ver Figueira, 1978, e Duarte, 1983). Não é o homem econômico ou político, mas o indivíduo portador de uma especificidade *interna particular* – de caráter, personalidade, psiquismo etc. – que se torna a referência dominante em um discurso que tende a se espraiar, culminando nas diversas correntes psicanalíticas" (ver Capítulo 1).

No entanto, esses indivíduos atuam no domínio do público. Sem dúvida, as diferenças entre o *ethos* masculino e o feminino são importantes. Mas, em princípio, tanto homens como mulheres trabalham e têm algum tipo de participação ou inserção na vida pública, com maiores ou menores responsabilidades. A própria condição social dos grupos investigados, suas ocupações e atividades levam-nos, como profissionais liberais, artistas, intelectuais etc., a desempenhar um papel que acentue uma "personalidade pública". Na própria medida em que ficam mais velhos, deixando de ser talentos em potencial para se tornarem profissionais mais conhecidos, com maior ou menor sucesso, tende a aparecer com maior realce e peso essa dimensão pública. As diferenças, como já foi mencionado, entre homens e mulheres, não são triviais. Por mais que tenda a aumentar o número de mulheres que trabalham fora, e que se valorize mais sua participação na vida política, a esfera doméstica tem uma importância inarredável, principalmente havendo filhos.[3]

De qualquer forma, tanto entre homens como entre mulheres, no universo em pauta, aparece uma tensão entre as vivências nos domínos do público e do privado. Há uma descontinuidade cujas origens históricas podem ser encontradas, discutidas, por exemplo, nas obras de Ariès, Sennet e Foucault (ver Bibliografia). A família nuclear e, particularmente, a experiência individual analisada a partir desta inserção, cada vez mais se tornam foco de atenção e explicação. A própria participação na vida pública, como no caso das mulheres, é valorizada muito a partir do peso e significado do doméstico, com suas eventuais conseqüências negativas para seu desenvolvimento mais pleno *enquanto indivíduos*. Ou seja, há, neste nível, uma oposição clara entre o público e o privado. Se a participação no mundo extradoméstico talvez seja um sinal de libertação para as mulheres, pode, no entanto, aparecer como estratégia privilegiada de reconstrução de um indivíduo cuja realização plena se dá ao nível de sua vida íntima, afetiva, sexual, amorosa. Parece-me que, sob este ponto de vista, continua sendo marcada

---

[3] Ver, entre outros:
FRANCHETTO *et alii*. "Antropologia e Feminismo". *In*: FRANCHETTO *et alii*, 1981*a*.
SALEM, 1983.
LINS DE BARROS, "Testemunho de Vida". *In:* FRANCHETTO *et alii*, 1981*b*.
DAUSTER, 1984.

a descontinuidade entre os dois domínios, com uma desvalorização implícita do público. Há não só descontinuidade mas, em certos casos, até oposição, incompatibilidade. No caso dos homens, esse embaraço aparece até sob forma de acusação, como nos conflitos conjugais. A suposta supervalorização do trabalho ou da política aparece como contrapartida de um pouco caso ou indiferença pelos encantos da intimidade familiar amorosa.

Família, neste caso, pode ser e, muitas vezes é, sinônimo de *casal*, sem haver necessidade de presença de filhos. Certamente, este é um tema bastante "familiar". Estabelece-se uma dicotomia entre o "poder e a glória" possíveis na vida pública e as delícias de uma vida afetiva e sexual plena. Parece haver, implícita nesta vertente psicologizante, a idéia de que o indivíduo dispõe de uma quantidade de energia limitada (libido?) que corre o risco de ser desperdiçada, ou até voltar-se contra ele, se não for investida no domínio adequado do privado. A *politização do cotidiano* pode ter como contrapartida a *desafetivação da vida pública*. Parece que aí está um dos sintomas das dificuldades de lidar com a fragmentação de domínios.

No material da pesquisa as referências à vida pública vêm acompanhadas de certas avaliações bastante eloqüentes. Assim é que esta seria, por excelência, o domínio da racionalidade, do cálculo, da manipulação, contrapondo-se aos valores da espontaneidade, da emoção e do desejo que seriam próprios do privado. É evidente que isto está sendo apresentado de forma esquemática. A questão das pontes entre os dois domínios aparece recorrentemente, assim como a preocupação com a necessidade de procurar encontrar algum tipo de ponto de equilíbrio, de áurea medida. Se existe a dicotomia ao nível dos discursos e representações, há, por outro lado, uma nostalgia de uma unidade talvez perdida, ou, pelo menos, desejada. Mas esta teria que se efetivar, numa linguagem vagamente marcusiana, com uma *erotização* do domínio público. É significativo que se possa investir muito na idéia de que o bom trabalho é aquele que dá prazer, procurando excluir qualquer idéia de sacrifício ou disciplina. A questão da descontinuidade aparece, evidentemente, não só como uma questão externa, institucional mas, sobretudo, como um problema individual, interno, de fragmentação. Dentro deste universo esta parece ser uma das principais causas e razões da *aflição*, e a busca de coerência e de resolução de conflitos passa, em princípio, pelo recurso à psicanálise, à terapia de base analítica, a um apoio psicológico.

Quero deixar claro que não assumo a posição de que o *ethos* psicologizante é, em si mesmo, despolitizante, alienante ou qualquer qualificativo desse tipo. Cabe registrar, no entanto, como aparece associado a uma dificuldade de lidar com o domínio do público.

Se as raízes dos principais problemas humanos estão nas complexas relações entre id, ego e superego (perdoem-me as simplificações), é inevitável que haja uma precedência estabelecida onde todo o resto é decorrência, conseqüência ou subproduto. Ora, se os valores associados ao público são decifrados por uma ótica psicologizante mais rala, este domínio torna-se muito pouco atraente. O autocontrole pode ser hipocrisia ou ausência de espontaneidade. A responsabilidade pode ser encarada como sinônimo de repressão dos outros e de si mesmo. A disciplina é castradora e a hierarquia uma forma de despotismo e abuso do poder. Fica patente que a estética de existência não encontra, dentro desta visão um pouco extremada, nada de muito belo e atraente fora da intimidade amorosa do privado. Mas nada é tão simples assim. Por outro lado, o amor, a sexualidade e o desejo não podem ser confinados aos limites da família antropofágica ou do casal simbiótico. O "sufoco" (termo comumente empregado, como todos sabemos) seria produzido pelas restrições e frustrações do casamento, solução inadequada para uma realização mais plena do indivíduo enquanto sujeito psicológico. Onde está então a liberdade? Não está em nenhum lugar mas está em todas as partes. Mais uma vez, dentro da lógica do discurso psicologizante, é uma solução individual. Complexo e difícil encaminhamento, pois um discurso sociológico e antropológico, por sua vez, infiltra-se cada vez mais, falando de grupo, de classe, de cultura, de meio, relativizando a noção de liberdade. A questão torna-se cada vez mais de, incorporando preocupações sociais, encontrar uma coerência cuja medida é, basicamente, o bem-estar individual. Passa a aparecer, cada vez com maior nitidez, o contorno de um *bom senso* intelectualizado, produto sincrético de vários conhecimentos e ideologias, onde se busca um meio-termo entre os determinismos e fatalismos da aliança e um individualismo agonístico, de base psicológica.

O fato é que a participação no mundo do trabalho, a profissionalização, está associada a determinadas crenças sobre mérito, esforço, disciplina, responsabilidade e, por que não, sucesso e poder. O discurso psicologizante associado a diferentes correntes "contraculturais" tendeu a desqualificar essa dimensão. A valorização de uma felicidade ou bem-estar individuais, possíveis devido a um afastamento estratégico para as fronteiras da sociedade, torna-se cada vez mais inviável, certamente no caso brasileiro, para os já não tão jovens herdeiros das camadas médias da Zona Sul. A autopercepção enquanto elite reforça a elaboração do mencionado sincretismo que pode ir do trotskismo ao zen-budismo, mas sempre passando pela crença na realização genuína de um indivíduo construído pela psicologização que tudo permeia. Não só o trabalho, mas a vida pública, propriamente, com suas possibilidades de atuação política, contribui para a existência de um *ethos* em que o hedonismo tem que ceder espaço a outros valores. Entre ser revolucionário e ser apolítico, também surgem opções menos drásticas que procuram dar conta da ambigüidade nascida de motivações muito diferentes, quando não contraditórias. Entre a obtenção do prazer imediato, a realização do desejo e o eventual sacrifício e ascetismo em nome de causas públicas, surgem também soluções intermediárias, menos melodramáticas. A acusação de comodismo ou mesmo conservadorismo paira sempre, e a auto-acusação pode ser a mais dolorosa, quando imagens cuidadosamente elaboradas durante anos são reinventadas. É significativo, em termos antropológicos, como isto se atualiza na própria aparência física, com mudanças no estilo de vestuário, corte de cabelo, apresentação, em uma ou outra direção. Trata-se, obviamente, de atualizar, através de um código visual, a adesão a certos valores e crenças. A oscilação e a ambigüidade, produzidas pela coexistência de códigos diferentes, nem sempre se manifestam através de sinais tão evidentes. Mas isto não significa absolutamente a inexistência de tensão social e existencial, ainda que sob aparências mais discretas.

É claro que o preço que as pessoas pagam varia bastante. Não há uma trajetória única, mesmo dentro de um universo relativamente restrito, como este que está sendo analisado. A maioria dos indivíduos a que nos referimos está na faixa dos 30 aos 45 anos. Há homens e mulheres, casados, separados e solteiros. Há heterossexuais, homossexuais, bissexuais etc. Ou seja, mesmo estando situados em um segmento mais ou menos bem definido em termos socioeconômicos, constata-se a margem de manobra e de opção; verifica-se claramente a existência de um campo de possibilidades (ver Velho, G., 1981, espec. Cap. 1). Constata-se, diante dos constrangimentos e fragmentações, uma liberdade relativa que existe, basicamente, em função dos papéis sociais que são desempenhados, com deslocamentos de um domínio para outro. Um bem-sucedido e disciplinado profissional liberal pode, observado num fim de semana, ser um hedonista frenético. Uma suave mãe de família, aparentemente dedicada ao lar, pode, em outra situação, ser uma rigorosa militante política, ou em festas tornar-se uma sedutora dançarina dos sete véus. Quais os custos dessas mudanças de papel? Em camadas populares é mais comum receber entidades, como acontece na umbanda. De certa forma, há processos com alguma semelhança, na construção da identidade social no nosso universo de camadas médias. As mudanças de papel talvez não sejam tão ritualmente marcadas, mas isto não diminui, talvez até aumente, sua dramaticidade.

O indivíduo sujeito psicológico está permanentemente presente, através das constantes manifestações de fé e crença. Por detrás dos múltiplos papéis, dos códigos contraditórios, há algo a ser apreendido que pode dar consistência e coerência às existências. Este parece ser o valor, causa e conseqüência, de todo o movimento descrito e, certamente, é uma das demonstrações mais agudas do processo de psicologização da sociedade.

Para esses grupos, a *coerência*, como um valor, é essencial para a constituição e continuidade das identidades sociais, criando um verdadeiro círculo vicioso entre a fragmentação da experiência cotidiana e a permanente procura de consistência em termos existenciais mais amplos (ver Velho, G., 1981). A psicologia é a primeira e a última palavra, apresentando-se, no entanto, sob roupagens diferentes, e expressando-se sob formas variadas em função de trajetórias, experiências e percepções particulares.

Tentando aproximar algumas preocupações aqui expostas com as do capítulo anterior, cabe frisar que a coexistência e contradições entre códigos se dão em dois planos fundamentais. Em um plano, registra-se a tensão entre uma visão de mundo hierárquica, onde a aliança e a reciprocidade são fundamentais, e as ideologias individualistas que se manifestam com particular intensidade no universo em pauta. Em outro plano, constata-se a tensão entre as diferenças de ênfase e *ethos* na avaliação e percepção do indivíduo. A busca de coerência, tarefa de Sísifo, encontra na psicologia, e particularmente na psicanálise, um caminho privilegiado de expressão. Mas não dá conta nem engloba necessariamente outras direções, onde o espírito público, a ética da responsabilidade, o compromisso político, por exemplo, são significativos. Entre a sexualidade e o prazer, definidores de um tipo de identidade, e o prestígio e o sucesso ancorados tipicamente a outras trajetórias, a conciliação nem sempre é simples. A tentativa de integrar essas experiências sociologicamente fragmentadas parece ser tarefa elementar, mas nem por isso fácil, do bom senso psicanalítico.

Finalmente, da polivalência ao desmapeamento, há que se constatar que tênues podem ser as fronteiras e turbulentos os caminhos.

3

CULTURA ENQUANTO HETEROGENEIDADE: Biografia e Experiência Social

É fundamental na antropologia contemporânea a noção de que o homem vive, socialmente, em uma "rede de significados" (Geertz, 1978). A própria concepção de indivíduo, para correntes importantes, não seria natural mas construída histórica e socialmente, delimitada e circunscrita, portanto, a sociedades específicas. A obra de Dumont expressa com agudeza essa perspectiva. Segundo ele, a nossa sociedade ocidental, moderna-contemporânea, longe de ser a regra, seria a exceção entre a maioria esmagadora daquelas que não teriam no indivíduo o seu valor básico significativo, como sujeito moral. Portanto, fala-se, nesses termos, na existência da ideologia ou ideologias individualistas que produziriam essa configuração particular, opondo-se a culturas holistas, onde o indivíduo biológico estaria contido, subordinado, englobado por uma concepção hierárquica de mundo.

De qualquer forma, vivemos neste *web of meanings* que não foi criado por nenhum de nós individualmente e que expressa a existência e a pressão de uma sociedade e cultura que nos precedem e englobam. Seja holista ou individualista a ideologia dominante, o conjunto de crenças e valores a ela associado é determinante na elaboração da identidade social dos membros da sociedade.

É aí que surge a oportunidade de rediscutir a questão clássica de determinismo e liberdade. Creio que Raymond Firth (1974) levantou possibilidades interessantes, talvez até hoje não devidamente exploradas, quando distinguiu a estrutura de organização social. Já tive oportunidade de procurar avançar um pouco nessa direção, embora não me sinta inextricavelmente amarrado a este par conceitual, com todas suas implicações (ver Velho, G., 1978 e 1981). O que me parece mais estimulante é a idéia de mudança e desempenho individual ao nível da organização social, enquanto a estrutura é, por definição, mais permanente, estável e imune a curto prazo à ação dos indivíduos em suas decisões cotidianas.

Além de Firth há uma série de outros autores e perspectivas que podem ajudar a explorar o que chamei de *campo de possibilidades* (Velho, G., 1981, espec. Capítulos 1 e 2). Creio que o *Interacionismo*, e seus predecessores clássicos como Simmel, é fundamental para encaminhar essa análise. A interação vista como processo social básico dá aos atores que interagem um papel de, não apenas agentes de reprodução, mas de reinventores da vida social. É evidente que isso precisa ser examinado com cuidado, na medida em que as teorias variam quanto à ênfase que dão às possibilidades de inovação ao nível individual. No momento, gostaria de enfatizar que a interação é complexa e problemática enquanto processo social básico. A dimensão privilegiada é, sobretudo, a *diferença* entre os atores. É neste sentido e, a partir daí, que advêm a sua complexidade e o seu caráter problemático. Se enfatizarmos o fato dos indivíduos envolvidos serem da mesma cultura, falarem a mesma língua, forçosamente, estamos chamando a atenção para o que há de comum, o que aproxima os atores, o seu pertencimento a uma cultura comum, com seu sistema de valores, crenças, gostos etc. O Interacionismo, obviamente, não ignora essa possibilidade. Mas, para nossa discussão, importa mais perceber a sua contribuição, para um melhor entendimento da coexistência problemática das diferenças. Privilegia, nesse nível, as diferenças de origem, *background*, trajetória, experiência social, em geral. Enfatiza, por conseguinte, a indivualidade dos fenômenos. Neste sentido todos os processos internos da diferenciação de uma sociedade são relevantes. Classes, grupos de *status*, estratos, assim como o pertencimento a minorias étnicas e regionais, grupos desviantes, religiões específicas são pistas fundamentais para o mapeamento dessa diversidade. Nesta perspectiva o o conflito coloca-se como possibilidade permanente, desde que há interesses e valores diferentes e, muitas vezes, antagônicos. Podem traduzir desde uma inserção polarizada em uma sociedade de classes, como pontos de vista e avaliações discrepantes dentro de um grupo social aparentemente homogêneo. Portanto, é evidente que há diferenças e diferenças, nem todas correspondendo a fossos ou barreiras intransponíveis, nem conduzindo irremediavelmente a conflitos cataclísmicos. O confronto é uma possibilidade dentro do complexo jogo de negociação da realidade, e sempre é difícil prever ou antecipar em que domínios ele poderá ocorrer.

Sabemos que em uma sociedade capitalista a relação capital-trabalho é permanente foco de tensão, assim como é o risco de poluição social em uma sociedade hierarquizada como a de castas, na Índia clássica. Há, por conseguinte, probabilidades de irrupção de conflitos quando certas regras fundamentais são contestadas ou ameaçadas.

Interessa, sobretudo, a partir dessas colocações preliminares, perguntar o que pode mudar, o que pode ser considerado *novo* em uma sociedade complexa e heterogênea como a brasileira. A avaliação do que seja consensual e/ou dominante e o que representa comportamento ou valores minoritários e desviantes é etapa difícil, porém fundamental de discussão. Sem desprezar o valor do senso comum é importante que o cientista social, nos termos, por exemplo, de Manuela Carneiro da Cunha (1985), esteja atento para que seu trabalho não seja simplesmente a confirmação de mitos. O caráter crítico de nosso trabalho passa, entre outras coisas, pelo risco de desagradar e provocar reações preconceituosas dos defensores de dogmas e verdades inaliáveis, como, por exemplo, a unidade da cultura nacional, sua harmonia, integração etc.

O fato é que pesquisas que têm sido feitas sobre assuntos e temas os mais variados, como religião, família, sexualidade, entre outros, apontam para a existência de representações e vivências muito diferenciadas dentro de nossa sociedade. Até que ponto a crença em espíritos estabelece uma fronteira importante entre diferentes grupos sociais? Por outro lado, o reconhecimento de formas alternativas de vida familiar e sexual pode implicar a identificação de códigos e mapas de orientação bastante antagônicos aos modelos tradicionais dominantes.

Ao enfatizar a diversidade e a heterogeneidade não pretendo descartar, de saída, a idéia de uma cultura brasileira, mas creio que há riscos de reificá-la e, com isso, ter uma visão imobilista da sociedade. A questão, obviamente, é de sua eficácia conceitual, de sua instrumentalidade, de sua capacidade de gerar conhecimento novo. Na medida em que seja acionada como uma entidade que tudo contém, que preexiste e antecipa logicamente todos os processos sociais e diferenciações, nada de novo realmente surge. De certa forma, tudo já está dado e a história é apenas a atualização de mecanismos culturais preexistentes. A mudança social seria apenas aparente, nada mais do que a confirmação de que não há nada de novo sobre a terra, ao nível social, seja no Brasil, na França ou na China.

É importante assinalar que a heterogeneidade por si mesma não implica mudança permanente e automática. Um risco oposto ao do culturalismo reificante é de ver novidade em tudo, sem perceber que, mais uma vez remetendo a Firth, há instituições e valores de grande permanência e estabilidade, constituintes da identidade de grupos e indivíduos. Creio que um ponto fundamental é que estes participam diferencialmente, mesmo havendo um repertório aparentemente comum, dos temas e valores da sociedade em que estão inseridos. Ou seja, não se trata necessariamente de participar ou não, mas da forma e do tipo de utilização, uso e acesso. Podemos pensar, por exemplo, no caso brasileiro, desde a própria língua portuguesa, passando pelo catolicismo, pela moral, vestuário, culinária, música, política, até percebermos como os hábitos e costumes podem assinalar e expressar leituras marcadamente diferentes e desiguais no peso, densidade e formas de articulação.

Mas, o ponto que creio ser mais relevante para esta discussão é a vivência individual da heterogeneidade. Mesmo contextualizando a noção de indivíduo, cabe registrar que é ao nível das biografias de indivíduos específicos que encontramos com mais vigor e dramaticidade a coexistência de orientações e códigos diferenciados. Isso porque nessas biografias assinalam-se trajetórias e papéis complexos, em que oposições do tipo tradicional *x* moderno ou holista *x* individualista são percebidas como constituintes de identidades individuais com tudo que possa haver de dramático nisso. Valores contraditórios, anomia, desmapeamento são algumas formas de classificar essas situações. Insisto, portanto, que sendo as diferenças entre grupos sociais, com fronteiras mais ou menos claras, detectáveis num plano mais tipicamente sociológico, quando chegamos ao nível individual passamos a um terreno forçosamente inter ou transdisciplinar.

A pesquisa de tradição antropológica, pelo próprio fato de lidar diretamente com indivíduos, obriga o investigador, por razões científicas e morais, a enfrentar esse quadro. Percebe-se a complexidade da *rede de significados* ao nível de biografia, suas contradições e seus conflitos. Voltando a Firth, a *performance* e o desempenho individuais e as interações são constituintes da organização social. É importante assinalar que um indivíduo, em momentos e contextos específicos, pode apresentar comportamentos e atitudes classificáveis como *novos* ou *modernos* e, em outros, apresentar-se ligado a uma visão de mundo dita tradicional. Isso pode ser evidente quando distinguimos domínios, podendo, por exemplo, constatar que no terreno do trabalho o desempenho pode ser *moderno* e nas relações familiares *tradicional*. Mas, sobretudo, no domínio da *moral* fica nítida a variação, a tensão e a heterogeneidade. Este fenômeno pode ser mais evidente nas camadas médias urbanas mais intelectualizadas (ver Capítulo 2) mas, de fato, aparece em outros segmentos e grupos sociais, dificultando mais uma vez o estabelecimento de blocos monolíticos na estrutura social brasileira. Concordo com Duarte (1986), quando registra tendências holistas dominantes nas classes trabalhadoras, enquanto as ideologias individualistas encontrariam mais terreno e expressão em camadas médias e elites. Mas creio ser interessante matizar e procurar perceber como os sistemas podem se interpretar, particularmente, repito, quando lidamos com indivíduos específicos. O informante-personagem Mário de *Guerra de Orixá*, de Yvonne Maggie, parece-me ser um exemplo expressivo do que quero dizer, com sua trajetória de estudante universitário e pai-de-santo. Quero sugerir que as histórias da vida, instrumento clássico nas ciências sociais, podem ser mais acionadas, com a preocupação de tentar localizar essas descontinuidades e passagens na sociedade brasileira.

Por outro lado, a literatura é extremamente importante, como indicadora de alguns desses processos. Os trabalhos de Pedro Nava são exemplares neste sentido, quando descreve e analisa experiências e sentimentos de *família* na sociedade brasileira, com suas eventuais variações e mudanças.

De qualquer forma, há que ampliar o espaço de nossa discussão sobre cultura e sociedade brasileiras, incorporando contribuições e reflexões de indivíduos e grupos que não pertençam necessariamente aos quadros acadêmicos. Isto, ao lado, de internamente melhorar nossa comunicação com psicólogos, psicanalistas, filósofos, especialistas em literatura, ensaístas etc. Estaríamos recuperando a preocupação de Wright Mills em seu clássico *A imaginação sociológica* de vincular mais sistemática e criativamente biografia e estrutural social.

Longe de escamotear o peso e a importância da sociedade que, de alguma forma, produz os indivíduos, procuraríamos compreender melhor como a gramática social e cultural se expressa ao nível biográfico. Por outro lado, sem negar a psicologia mas não sendo psicologistas, poderíamos reinterpretar o espaço para que o indivíduo, através de suas interações e ações, possa ser percebido, mesmo em momentos limitados, como sujeito e não mero objeto e joguete. Parece-me ser isto fundamental, particularmente, em períodos como o que estamos vivendo no Brasil contemporâneo.

4

HISTÓRIAS DE VIDA: Resumos e Reflexões

Nesta parte do livro pretendo, através do relato parcial de algumas histórias de vida, ilustrar e contribuir para o desenvolvimento e possível superação das reflexões até aqui apresentadas. Admito, desde o início, a relativa fragilidade dos esquemas conceituais que apresentei para dar conta da riqueza, complexidade e possível dramaticidade do material que exponho a seguir. Por outro lado, assumo a arbitrariedade da construção que aqui empreendo, na medida em que estou preocupado em cotejar experiências sob um ponto de vista de antropólogo social. Um discurso literário propriamente dito, poético ou mesmo psicológico, enfatizaria e seguiria outros rumos. No entanto, também faço questão de dizer que meu texto não é o que se costuma designar de *científico*, na medida em que há uma interferência emocional que assumo como legítima, em função, inclusive, de várias observações que fiz no início deste livro. Ainda mais, que a minha própria emoção não chega propriamente a ser domesticada, havendo tentativas de organizá-la, em nome de um mínimo de clareza de exposição. Por outro lado, lendo o texto fico com a impressão de que a vida das pessoas pode parecer um pouco banalizada, pela própria forma de exposição. Mas estes são os recursos de que disponho neste momento. Friso que as pessoas, cujas histórias de vida aqui apresento, leram, discutiram e aceitaram a publicação dos relatos.

1 Conheci Sonia através de uma amiga comum. Naquele período eu estava particularmente preocupado em pensar sobre a noção de projeto e as possibilidades da opção que os indivíduos teriam ou acreditavam ter no universo de camadas médias intelectualizadas da sociedade brasileira. Sonia tinha na ocasião 36 anos. Terminava o mestrado em Psicologia em uma universidade do Rio de Janeiro. Dividia um consultório com uma amiga no bairro de Botafogo, onde também morava em um apartamento de sala e dois quartos com uma filha de cinco anos, nascida de seu segundo casamento. Tentarei resumir o que Sonia me contou em três entrevistas, num total de cerca de cinco horas. Filha de pai médico e mãe "do lar", tinha um irmão e uma irmã. Ela era a do meio, entre o irmão e a caçula. Nasceu e sempre morou no Rio de Janeiro entre Copacabana, Jardim Botânico e Botafogo. Estudara em escolas e colégios públicos até a faculdade. Casou com um namorado, de muitos anos, que se formara em engenharia. Estava no segundo ano da faculdade e seu casamento durara dois anos, sem filhos. Abortou uma vez pois, segundo ela, seu casamento já não andava bem e a decisão foi tomada de comum acordo.

Sua separação foi difícil e dolorosa pois não só as duas famílias não se conformaram como o próprio marido que, de início, parecendo aceitar a decisão, mudou de idéia e passou a pressioná-la e até ameaçá-la. Finalmente, conseguiu o apoio de uma tia que lhe emprestou dinheiro para viajar para o exterior, tentando recuperar a tranqüilidade e obter uma trégua. Passou três meses na Europa, basicamente em Paris, na casa de amigos. Interessou-se um pouco por política, mas não o suficiente para transformá-la em militante. Teve um caso com um estudante brasileiro e voltou para o Rio de Janeiro, angustiada e insatisfeita. Sofreu um choque ao encontrar o ex-marido vivendo com uma amiga sua. Ninguém tinha tido ânimo ou disposição de avisá-la. Nos seus termos, *entrou em fossa*[1] e foi fazer análise, sem condições de retomar os estudos. Levou mais de um ano, morando com os pais, até conseguir alugar um pequeno apartamento no Jardim Botânico, sempre com a ajuda da providencial tia. Arranjou um emprego como secretária em uma clínica de conhecidos de seu pai que lhe deu condições mínimas para ficar um pouco mais independente, pagar o aluguel, comprar um telefone etc.

Estamos, a essas alturas, no período 68/69 que Sonia diz ter vivido com angústia mas com um mínimo de participação política. Foi a umas duas ou três passeatas, tinha muito medo, teve amigos presos e conheceu gente que desapareceu. Fez análise de grupo durante três anos. Disse que levou *vida de freira* durante mais de um ano, depois que chegou da Europa. Depois manteve dois relacionamentos, de alguns meses cada um, até estabilizar um namoro com um advogado cinco anos mais velho. Durante este período voltou para a faculdade, continuou a trabalhar como secretária até casar – faz questão de frisar que não houve nenhu-

---

[1] Palavras ou expressões aparecem grifadas quando julgo serem particularmente expressivas do discurso e dos termos utilizados pelos entrevistados.

ma legalização ou cerimônia, ao contrário do primeiro casamento. O novo marido ou companheiro já estava, nos termos de Sonia, em um terceiro casamento e tinha dois filhos. Mudou-se para o apartamento dele, também no Jardim Botânico, largou o emprego e dedicou-se à faculdade, esforçando-se para ser *boa esposa e companheira* e procurando sempre tratar bem os filhos do advogado. Em 1975 nasceu sua filha e quando a conheci em 1980 estava separada do segundo marido há cerca de dois anos. Tinham vivido juntos, pelo que percebi, em torno de sete ou oito anos. Esta cronologia, às vezes, me parecia um pouco confusa e contraditória mas creio que, em parte, corresponde a idas e vindas e a alguma dificuldade de definir etapas mais convencionais. De qualquer forma, a separação se dera quando a criança tinha três anos de idade. Sonia afirma que a iniciativa foi sua, mudou-se para Botafogo levando a menina. O advogado permaneceu em seu apartamento. Neste momento da narrativa fala muito dos pais e da família em geral. Disse que, ao contrário da primeira separação, recebeu apoio, especialmente no tocante aos cuidados com sua filha.

Disse que a pensão que recebe do ex-marido, pai da criança, é insuficiente, mas que aceita a situação porque ele tem, ao todo, três filhos e a ajudou muito durante boa parte de seu casamento. Os seus pais, irmãos e a tia são referidos como fundamentais, ao mesmo tempo que menciona o apoio de amigos, particularmente da colega com que dividiu o consultório. Na época das primeiras entrevistas, tinha o que ela própria chamou de *amizade colorida* com um jornalista, contemporâneo de universidade. Pouco tempo depois sua mãe morreu, o que foi vivido como um grande golpe. Falou muito das dificuldades de seus pais aceitarem sua vida *confusa e tumultuada* mas que, apesar disso, tinham conseguido estabelecer um bom relacionamento. Sua situação financeira era vivida como razoável. Gostava do apartamento em que vivia, dispunha de carro próprio, mas queixava-se de não ter meios para viajar de vez em quando. Voltou a fazer análise, desta vez individual, enquanto esteve casada com o advogado. Parece-me que este tratamento durou mais de dois anos.

Insistiu na satisfação que obtinha com o seu trabalho e na sensação de ser útil, ajudando as pessoas. Acreditava que as próprias confusões de sua vida tinham-na tornado uma pessoa mais tolerante e aberta. Considerava-se boa mãe, mantinha um relacionamento razoável com o pai de sua filha. Nunca mais vira o primeiro marido e estava satisfeita com sua *amizade colorida*, sem planos de casamento. Achava-se, em resumo, amadurecida e capaz de tomar suas decisões com calma e uma certa segurança.

2 Alberto acabara de fazer 40 anos quando fiz a primeira entrevista. Foram quatro entrevistas com um total de cerca de seis horas. Já nos conhecíamos há mais de 20 anos, mas não éramos propriamente amigos. Era um pouco mais velho do que eu e tínhamos sido contemporâneos de universidade e política estudantil. É claro que o fato de termos muitos conhecidos em comum, eventualmente até amigos, criava uma situação às vezes um pouco embaraçosa. Mas Alberto estava interessado em falar sobre sua vida e demonstrava interesse por antropologia. Já tinha lido alguns trabalhos, inclusive textos meus. Achou que valia a pena o investimento na reconstrução de sua história de vida e, com isso, certas dificuldades foram, se não superadas, pelo me-

nos diluídas. Desde os primeiros anos de faculdade já trabalhava. Seu pai era funcionário bem situado do Banco do Brasil e sua mãe fora professora primária, mas se aposentou quando Alberto ainda estava terminando o curso secundário. Morava no bairro de Laranjeiras desde criança. Sua família era carioca com alguns vínculos mineiros e capixabas.

Quando se formou continuou trabalhando na firma em que estagiava como estudante. Mudara de emprego recentemente, sendo sócio de uma firma de consultoria. Aos 26 anos fora para os Estados Unidos, onde fez cursos de aperfeiçoamento durante quase um ano, por conta da firma. Foi o único período em que viveu fora do Brasil. Quando voltou alugou um apartamento. Até a sua viagem havia morado com os pais e uma irmã. Aos 30 anos casou com uma colega de firma, também economista. Tinha dois filhos homens, um com oito, outro com seis anos, na época da primeira entrevista.

Considerava-se uma pessoa bem-sucedida no trabalho e no casamento. Tinha apartamento próprio no Leblon e sítio perto de Teresópolis. A família dispunha de dois carros e um motorista em tempo parcial. Os filhos tinham aula de judô, natação, inglês, além de estarem estudando em um "bom colégio".

Sua mulher trabalhava em tempo parcial e tinham uma vida confortável. Há pouco tempo viajaram à Europa e aos Estados Unidos, em férias. Este quadro mais ou menos estável e seguro apresentava, no entanto, um problema, cuja gravidade Alberto explicitamente tinha dificuldade de avaliar e creio que era uma das razões para seu empenho em falar e pensar sobre sua vida. Três anos antes, aos 37, havia se *apaixonado* por uma estagiária de 22, funcionária de sua empresa. Na época, sua mulher tinha 35. Segundo Alberto, ele sempre fora um marido fiel e dedicado. Apenas uma vez, em muitos anos de casamento, tinha saído com outra mulher. Daí, dizia, sua surpresa e perplexidade. A *paixão* fora *súbita e irresistível.* Perdeu sua disciplina de trabalho, desinteressou-se pela família e, em pouco tempo, as pessoas em volta passaram a estranhar seu comportamento. Não se conteve, não conseguiu se controlar, contou para a mulher e saiu de casa. Alugou um apartamento onde viveu três meses com a *menina*. Depois, como disse, passou. Aos poucos foi retomando o interesse pelo trabalho, e procurou mais sua família. Foi aconselhado a fazer uma terapia e algum tempo depois, contando com a compreensão da mulher, restabeleceu seu casamento. Voltou para casa. Arranjou um outro emprego para a ex-namorada. Disse que, apesar disso, quando lembrava do caso, sentia-se perturbado e que uma vez vira a moça no cinema com um amigo ou namorado. Não comentou com ninguém, mas mal dormiu à noite e passou vários dias preocupado e tenso. Dizia saber que era algo passado, porém percebia também uma insatisfação que na terapia ficava evidente, mas que não sabia explicar realmente. Era alguma coisa *muito forte, muito emocional.* Insistiu em saber se eu, o entrevistador, tinha passado por experiências semelhantes e insistiu muito nos riscos da *paixão*. Na mesma entrevista passou a falar de política, situação brasileira, da crise e da abertura. Falou do esforço que tínhamos de despender, como geração, para resgatar a democracia no Brasil. Relembrou amigos e conhecidos mortos ou desaparecidos.

Disse continuar sendo um materialista convicto, embora admitisse ser difícil entender a sociedade brasileira com o instrumental que dispunha. Falou dos filhos, dos planos para o seu futuro profissional, do colégio e das habilidades e características de cada um. Perguntou-me indicações bibliográficas sobre antropologia. Depois de discorrer um pouco sobre trabalho, voltou a falar sobre sua *paixão*. Disse que tinha de confessar que tinha escrito alguns poemas mas que depois destruíra tudo. Mas, agora, de vez em quando, lia poesia, hábito que nunca tinha cultivado.

Afirmou pretender se aposentar antes de envelhecer para viajar e viver mais no sítio, para ler e ouvir música. Disse que não entendia por que eu (o antropólogo) não me casava de novo. Mas ao mesmo tempo sabia que o casamento era muito difícil. Não saberia aconselhar os filhos sobre esse assunto.

3 Fernando tinha 38 anos por ocasião da primeira entrevista que realizei, num total de quatro que corresponderam a, aproximadamente, oito horas. Tínhamos uma amiga comum. Sociólogo, com emprego público, morava sozinho em um apartamento próprio, em Copacabana. Fora casado durante um ano e meio, não tinha filhos, se separara aos 29. Logo, na primeira entrevista, declarou sua condição de bissexual. Havia lido *Desvio e divergência*, livro por mim organizado, e como sociólogo tinha uma reflexão sobre a problemática da sexualidade, da teoria do desvio etc. Achava fundamental enfatizar que se considerava uma pessoa normal, mas cujo comportamento e preferências poderiam levá-lo a ser discriminado e prejudicado. Disse que achava que o mais interessante que havia na sua história de vida era a experiência da *bissexualidade*. Sua família era católica, extremamente conservadora, e ele sempre fora alvo de críticas e restrições. Fez análise durante

seis anos, interrompeu e agora voltara já há um ano. Vira na análise um instrumento importante para enfrentar os seus problemas e sua ansiedade. Casara com uma moça de quem muito gostara, mas que era muito difícil viver com qualquer pessoa, especialmente no caso dele.

Percebera sua *bissexualidade* desde adolescente, mas só com 20 anos tinha *assumido* essa característica. O casamento foi bom, ajudou a livrar-se da opressão familiar, aprendeu muita coisa. Seu trabalho não lhe interessava muito. Gostava de viajar e todo dinheiro que sobrava era para isso utilizado. Estava planejando uma viagem ao Oriente. Conhecia bem a Europa, os Estados Unidos, a América Latina e o Norte da África. Afirmava ter um espírito aventureiro, sufocado pela rotina burocrática. Depois do fim do casamento tivera vários casos com mulheres e homens. Achava legítimo e rico esse tipo de experiência. Afirmou que a maioria das pessoas fingia que não, mas tinha plena consciência de que poucos aceitavam seu lado *homossexual*.

Segundo ele, as pessoas ficavam mais tolerantes quando bebiam e fumavam maconha. Afirmou que no trabalho era absolutamente *careta* e *bem-comportado*. Procurava não misturar muito as coisas, embora soubesse que, com isso, pagava um preço alto em termos de desgaste e tensão.

Afirmou, também, que a sua condição de *progressista* passava sobretudo por uma atitude de aceitação e tolerância diante da diversidade de gostos, costumes. Rejeitava as pessoas que se diziam de esquerda e que eram moralistas e preconceituosas.

Criticou também o mundo acadêmico, muito convencional e formal. Considerava seu trabalho tedioso, mas ganhava razoavelmente e podia ter uma vida claramente dividida entre vida particular e profissional, ao contrário, no seu entender, do caso dos acadêmicos. Poderia ter feito um mestrado mas nunca se interessou, pois achava as pessoas muito *obcecadas* e, em geral, *chatas*.

Em uma das entrevistas falou muito de religião. Disse que o catolicismo de sua família era muito repressor e que, por isso, ele tinha negado seu lado místico durante muito tempo. Ia, de vez em quando, a centros espíritas e terreiros de umbanda. Tinha um mapa astral e já havia jogado tarô. Seu interesse pelo *Oriente* passava por uma forte curiosidade religiosa.

Revelou profundo ceticismo diante da política. Sua participação sempre foi *superficial* e *conjuntural*. Mas admirava algumas pessoas que tinham realmente se lançado, correndo riscos, na contestação ao regime autoritário. Achava que havia algo de *irracional* naquilo tudo que o fascinava. Mas era uma coisa distante. Era como ver um filme.

Estava, na última entrevista, preocupado com a *AIDS*. Achava que era mais uma forma de discriminação mas que, ainda assim, tinha medo desde que sua vida era bastante *heterodoxa* e que não podia negar que alguma coisa estava acontecendo.

Conhecia duas pessoas já diagnosticadas como vítimas da doença.

Disse que, em princípio, não pretendia mudar seus hábitos, desde que *transava* com um grupo restrito de pessoas, não se considerando um *promíscuo*. Ainda sobre sexualidade falou que, em geral, só se relacionava com pessoas que conhecia, mas que já vivera fases em que ficava *meio maluco* e se expusera muito. Achava que a análise o ajudava a controlar melhor essas situações.

Na última entrevista também falou mais de sua infância e adolescência. Sua família era de origem mineira embora ele, Fernando, tivesse nascido no Rio. Nas férias costumava passar semanas em uma fazenda de parentes. Disse que, na época, não gostava, mas que hoje sentia uma certa nostalgia.

Sentia-se muito vigiado pelos pais, tinha duas irmãs e um irmão. Considerava-se *rejeitado*, problema central de sua análise. Sentia inveja das irmãs e do irmão. A partir daí desenvolveu algumas teorias sobre sua bissexualidade.

Queixou-se também que, sendo sua família relativamente próspera (seu pai era um profissional liberal bem-sucedido, com patrimônio próprio), sempre tinham sido muito *sovinas* com ele.

Declarou-se *egoísta* e que, agora, procurava compensar usando todo o seu dinheiro em seu próprio benefício. Gostava dos sobrinhos mas sem particular entusiasmo. Dava-se, atualmente, bem com os irmãos, especialmente com uma irmã.

Falou, também, sobre sua vida escolar. Em geral, detestava os colégios em que estudou. Foi apenas um aluno razoável, o suficiente para ir passando sem muitos aborrecimentos. Nada o interessava muito. Fez Sociologia por falta de opção. Emocionou-se falando de sua ex-mulher. Disse que ela tinha se casado e vivia bem, com filhos. Mas afirmou não se arrepender de ter se separado. Disse que não ia dar certo mesmo. Finalmente comentou que estava bebendo muito e que isto o preocupava e que fora uma das razões para voltar ao tratamento analítico. Vivia meio de ressaca e temia tornar-se um alcoólatra. Disse que achava que ia morrer cedo.

4 Luíza estava com 33 anos durante o período de nossas quatro entrevistas que somaram cerca de sete horas.

Era prima de amigos meus. Eu a conhecia vagamente. Era sócia de uma butique na Zona Sul, desquitada há dois anos com duas filhas.

Morava em apartamento próprio em Ipanema e seus pais eram profissionais liberais, ele engenheiro e ela professora universitária. Luíza era formada em Letras, estudara na Cultura Inglesa e na Aliança Francesa. Nunca exerceu a profissão. Casou-se aos 20, tendo um casamento cheio de *altos e baixos*, que durou praticamente 11 anos. Uma coisa mais do que evidente era o fato de, sob qualquer critério do universo em pauta, Luíza ser muito bonita. Para mim, pesquisador, não foi uma situação fácil de lidar mas, ao mesmo tempo, foi uma questão central de seu depoimento. Falou da consciência que tinha de sua beleza, que sempre lhe valera a admiração masculina e um misto de admiração e inveja femininas.

Teve namorados desde os 13 anos. Casou depois de um namoro de três anos. Insistiu que era bastante *tradicional*, que casara virgem e que seus namoros eram relativamente inocentes. Com o casamento as coisas foram mudando. Cada vez mais consciente de sua beleza e capacidade de sedução, Luíza começou a *trair* o marido já no primeiro ano de casamento. Teve várias aventuras, interrompidas pela primeira gravidez. Disse não ter certeza quando o marido começou a desconfiar da situação, mas havia um certo pacto de silêncio. Ela dormia com ele e o acompanhava às reuniões sociais que freqüentava como executivo de uma grande empresa. Percebeu, também, que ele tinha casos. Situação *tradicional*, disse Luíza. Casamento, meio de conveniência, com algum amor que foi cada vez mais se esvaziando. Mas foi se mantendo, por inércia e comodismo. Preocupou-se em que eu não achasse que ela fosse uma *puta*, uma *mulher fácil*. Gostava de *seduzir* e, eventualmente, de *transar*. Mas isso não era uma rotina. Viveu momentos difíceis e sentiu culpa. Procurou uma psicóloga para orientá-la e conversou com amigos. Parou algum tempo de sair com outros homens. Mais tarde, já com as duas filhas, *apaixonou-se* por um ator que conhecera em uma festa. Disse que nunca tinha sentido a mesma coisa com os outros casos e mesmo com o marido, no início do casamento. Perdeu a noção de *conveniência* e foi *flagrada* por pessoas conhecidas em lugares e situações mais ou menos públicos.

Diante disso, o marido pediu a separação judicial mas não requereu a guarda das filhas. Venderam o apartamento em que moravam e cada qual comprou o seu. Resolveu também abrir a butique com duas amigas. A *paixão* acabou logo, segundo Luíza, logo depois da separação. Durante alguns meses ainda se encontrava com o ator, mas acabou perdendo o interesse, achando-o muito *narciso* e *vaidoso*.

Por conta da butique e da separação fez uma longa viagem pela Europa e pelos Estados Unidos, vendo lojas, costureiras, passeando. Encontrou um ex-namorado na Europa, também desquitado, com quem viajou. Voltando ao Brasil passou a namorar, de maneira estável, o irmão de um cunhado, mas disse que isso também estava acabando.

Luíza, às vezes, interrompia seu relato para me perguntar se eu estava chocado, se a achava uma *piranha*. Enfaticamente negava e a conversa prosseguia. Num momento desses declarou que ia contar algo que, realmente, ia me chocar. Contou que já *transara* com mulheres, três ou quatro vezes. Afirmou que gostava de seduzir o mundo em geral e que tinha um lado meio diabólico e curioso que a levara a experimentar relações homossexuais, embora preferisse, sem dúvida, homens. Depois rimos um pouco da situação, mas é óbvio que o papel do pesquisador era um pouco peculiar. Estava bastante fascinado com Luíza, mas preocupado em manter uma postura mínima de distanciamento.

Durante as entrevistas falou também sobre inteligência, e que se considerava uma mulher muito inteligente. Na escola, na faculdade e em todos os cursos que fez, sempre foi ótima aluna. Aprendia com facilidade, dava *cola* aos colegas, mas nunca teve vontade de ter uma atividade propriamente intelectual.

Nesse período leu dois artigos meus e fez questão de conversar e opinar sobre algumas questões. Falou de suas leituras, *variadas* e *dispersas*. Formada em letras tinha lido bastante. Mencionou Balzac, Proust, Genet, Sartre, Fitzgerald, Faulkner, Guimarães Rosa etc.

Opinou sobre cinema e artes plásticas. Mencionou suas viagens a Paris, Roma, Nova York, São Francisco.

Foi, provavelmente, a entrevista em que mais se conversou, em que a entrevistada mais fez indagações e, certamente, mais questionou o pesquisador...

Fez perguntas sobre minha vida pessoal, sobre meu casamento, sobre meu trabalho, viagens, pessoas conhecidas etc.

Falou pouco sobre sua família, tanto os pais e irmãos como sobre as filhas que um dia conheci. Afirmou esperar que as meninas fossem *felizes*. Disse que sempre desejou ser *feliz* e que, do jeito dela, estava sempre lutando por isso.

Fora criada para ser uma *dondoca semi-intelectualizada* e que tinha superado isso. Considerava esta a sua vitória. Acha que foi subestimada e que, talvez, algum dia, venha a escrever suas *memórias romanceadas*. O trabalho ocupava parte do seu tempo. Gostava assim. Precisava de lazer e de dar alguma atenção às meninas e à casa. Orgulhava-se muito da decoração e do bom-gosto de seu apartamento, dos objetos de arte, dos quadros. Seus pais tinham uma casa na serra para onde ia de vez em quando, de preferência quando eles não iam.

Uma de suas sócias tinha casa perto de Cabo Frio que freqüentava regularmente, com ou sem as crianças. Recebia pensão satisfatória do ex-marido com quem tinha contatos apenas indispensáveis. Não tinha raiva dele e achava que ele também não se importava muito com ela. Disse que era um homem muito inteligente e muito entediado. Mas não achava um absurdo ter casado com ele. Na época fazia sentido.

Suas opiniões políticas eram vagamente de *esquerda* (categoria por ela empregada várias vezes). Mas achava tudo muito ridículo e a política brasileira, especialmente, uma grande farsa. Disse que tinha lido Marx e Freud e que se *ligava* mais na psicanálise do que no marxismo propriamente dito. Um dia definiu-se como anarquista. Depois riu e disse que não era nada, que suas opiniões não tinham importância.

Na última entrevista contou-me que tentara uma vez o suicídio. Mas que fora *ridículo*, uma *farsa*. Ela própria não sabia se realmente queria se matar.

Insistiu no seu desejo de ser feliz e disse que me achava meio louco, mas que tinha gostado de ser entrevistada.

5 César estava com 39 anos no período em que realizamos três entrevistas com um total de cinco horas aproximadamente. Arquiteto, trabalhava em um escritório e em um emprego público em tempo parcial. Vivia, segundo ele, a *crise dos 40*.

Revelava-se profundamente aflito com o seu próximo aniversário. Estava casado pela segunda vez, tinha dois filhos, um do primeiro e outro do segundo casamento.

Estivera casado durante seis anos na primeira vez, tinha levado vida de solteiro durante dois e já estava há três anos no segundo casamento. Disse várias vezes considerar-se uma *pessoa comum*. Tinha interesse em cinema e em fotografia, mas nada que fizera nesses anos realmente o *gratificara*. Afirmou ser um arquiteto apenas razoável e sua aflição de 40 anos passava sobretudo pela sensação de *ilusões perdidas*. Sua vida sentimental e afetiva era igual à de *todas as pessoas que conhecia*.

Pensando nos seus projetos de juventude, às vezes, julgava-se um fracassado. Mas aí via que ficava *melodramático* e se sentia *ridículo*. Sua vida era banal e tinha vivido uns poucos momentos mais interessantes. Depois da faculdade passara um ano na Europa. Disse que foi, provavelmente, o melhor período de sua vida, assim como de dezenas de conhecidos seus que tinham passado pela mesma experiência. Gostara de uma conhecida de colégio, seu casamento foi bem no início e depois rotinizou-se. Sentira-se *chato, mesquinho* e *amesquinhador*. Demorou para separar, porque era preguiçoso e comodista e havia o problema da criança. *Como todo mundo*, fez análise durante algum tempo. Acha que deve ter ajudado um pouco mas não muito. Seu segundo casamento era uma coisa mais madura, independente. Não sabia se algum dia tinha se *apaixonado*.

Não acreditava muito nisso mas, no fundo, sentia *inveja* das pessoas que diziam passar por essa experiência. Achava sua vida razoável, não tinha grandes queixas mas também não havia razões para nenhum entusiasmo especial. O segundo filho fora bem recebido e lhe ocupara bastante. O primeiro vivia com a mãe e a relação era complicada e difícil. Horários, confusões, mal-entendidos.

Morava em apartamento próprio na Zona Sul, dado pelo pai, engenheiro civil.

Sua mulher trabalhava fora e tinham uma renda razoável. Dava para ter um automóvel e uma boa máquina fotográfica. Viajavam um pouco, seus atuais sogros tinham um sítio para onde iam regularmente. Disse que muito pouco teria se não recebesse o apoio material do pai, que lhe deu o apartamento e mandou-o para a Europa. Sentia culpa de não demonstrar mais sua gratidão, mas ficava também sem graça.

No seu trabalho havia participado da elaboração de três ou quatro projetos interessantes no meio de dezenas de medíocres e rotinizados.

Achava que tinha de se conformar com uma vida *comum*, sem grandes atrativos. Sempre votara em candidatos de esquerda, houve época em que se considerava meio comunista, mas era coisa de juventude. Participara, juntamente com *quase todos de sua geração*, de preocupações sociais, mas nada fizera de significativo para mudar nada. Achava, hoje em dia, que as coisas mudavam muito lentamente e talvez, no fundo, não mudassem mesmo. Ficara muito mobilizado pela *Campanha das Diretas* e com a eleição de Tancredo Neves. Mas a morte deste e o jeito que a *Nova República* ia tomando o desiludiram mais ainda. Contava com um círculo de bons amigos com quem convivia regularmente. Visitavam-se com alguma regularidade. Em geral, eram ex-colegas de colégio e da faculdade. Vez por outra jogava vôlei na praia ou no sítio. Sentia-se decadente fisicamente e admitia estar talvez deprimido nesta fase de sua vida. Pensava, eventualmente, em viajar, mas era caro e havia o problema dos filhos.

Ocorria-lhe, também, trabalhar em outra cidade do Brasil, mas sua vida no Rio já estava muito estabelecida e não tinha *energia* para grandes iniciativas. Sabia que os 40 anos próximos estavam lhe pesando, mas era mais uma coisa banal e boba. Até nisso não conseguia variar em relação a *quase todo mundo*. Disse-me que sua vida era *desinteressante* e talvez sua entrevista só valesse por isso. Porque era uma típica vida *desinteressante, pequeno-burguesa, sem atrativos.*

Riu no final da última conversa, dizendo que talvez estivesse exagerando as coisas, quem sabe para se tornar *interessante*. . .

Na apresentação dessas entrevistas mencionei alguns problemas e limitações.

Quero insistir em esclarecer um pouco mais certos pontos. Trabalhei com um universo de uns 20 indivíduos para as finalidades deste texto. Nenhum tinha menos de 30 e nenhum mais de 45 anos. Todos eram moradores da Zona Sul do Rio de Janeiro e estavam ligados a profissões liberais. Entrevistei 12 homens e oito mulheres. Algumas levaram pouco mais de uma hora, sem contar as que foram marcadas, adiadas, não-realizadas, que somariam, pelo menos, cerca de meia dúzia.

Selecionei cinco entrevistas das 20 realizadas para produzir este capítulo. Estão, obviamente, entre as mais extensas e as que considerei, diante de meus objetivos, mais ricas e sugestivas. Reduzir depoimentos de cinco horas para cinco páginas implica muita arbitrariedade e alguns critérios. Nos capítulos seguintes utilizo também material de outras entrevistas.

O simples fato mencionado demonstra que não estava preocupado em apresentar depoimentos mais *típicos*.

O meu objetivo era explorar o material que apresentava uma certa densidade e intensidade.

Obviamente, estas surgiram em função do interesse das pessoas em prestar depoimentos, discuti-los e, eventualmente, debatê-los. Nem todos os entrevistados dispunham de tempo, disposição e estímulo para dedicar o tempo razoável que isto exigia. Um certo grau de envolvimento foi uma variável importante. Realizei entrevistas não muito bem-sucedidas, sob o meu ponto de vista, em que as pessoas eram extremamente lacônicas. É verdade que foram poucas, a maioria do universo demonstrava loquacidade e, em geral, interesse. Havia também o problema de, ao resumir as horas de conversa, permanecer, basicamente, fiel às suas linhas mestras, ao seu *espírito*.

Procurei, sem fazer uma transcrição *ipsis literis*, valorizar as categorias básicas do discurso das pessoas, seu tom, um certo estilo. É óbvio que existe a intervenção de minha interpretação, de meu estilo e de meu tom. Não vou aqui voltar a discussões, mais ou menos conhecidas dos cientistas sociais, sobre a importância da subjetividade do investigador, assunto que até já apareceu neste livro. Como frisei na Introdução, é gritante a importância da minha subjetividade na seleção e na redação destes resumos de depoimentos. Estou dialogando com a minha geração, com meus *contemporâneos* nos termos de Schutz. A problemática tratada é, basicamente, *familiar*. Meus esforços de distanciamento, às vezes, me soam um pouco cômicos embora creio que tenham sido legítimos. Passei por diferentes momentos de identificação com os entrevistados. Em certos momentos fiquei um pouco assustado, muitas vezes tenso e nervoso.

De certa forma, acho que esses depoimentos, *de fato*, falam por si mesmos. Em parte, ilustram alguns dos problemas já levantados no livro embora, sempre, superem os limites de uma interpretação acadêmica. Gostaria, ainda assim, de tecer alguns comentários finais sobre o conteúdo das entrevistas.

Nos depoimentos apresentados há uma visão de biografia. As pessoas se vêem como personagens de histórias de que foram, até certo ponto, *sujeitos*. Em grau variável, apresentam consciência de limitações e condicionamentos familiares, históricos, sociológicos, culturais. O indivíduo é assumido como ente real e unidade básica. As crises de vida, o recurso às terapias, à psicanálise são momentos privilegiados para perceber essa vertente individualizante. Há, evidentemente, uma variação da *uniqueness* assumida de Luíza, para grande parte do depoimento de César, que se caracteriza como *igual a todo mundo.*

O sucesso e o fracasso, a felicidade e o sofrimento, aparecem como temas recorrentes para armar os próprios depoimentos. A carreira, o casamento, o sexo, a família são alguns dos domínios privilegiados onde as sensações, sentimentos e avaliações são projetados e avaliados. O foco no indivíduo aparece ao lado e, de forma não-contraditória, com certas preocupações sociais e, em certos casos, com uma consciência sociológica.

Fica claro que não é apenas o sociólogo Fernando que tem reflexões dessa natureza. Todos, de alguma maneira, embora de forma mais ou menos fragmentada, têm uma visão de sociedade geralmente acoplada à política. É preocupação comum como estabelecer elos entre a vida pessoal, particular e o mundo social. Há um tom crítico predominante nos depoimentos apresentados, embora eu não tenha condições de afirmar até que ponto isto é *típico*...

Há algumas crenças e vivências mais fortes como a representação da *paixão* (ver Capítulo 6). O sexo aparece sempre com recorrência, mas parece-me não se confundir com *paixão*. A homossexualidade e/ou a bissexualidade aparecem com vigor em dois depoimentos, de Fernando e Luíza.

A vontade ou a frustração de *felicidade individual* é evidente e confirma algumas das sugestões iniciais. A busca e a dificuldade do casamento, do companheiro, quase sempre acompanham e ilustram essa temática. O encontro e o desencontro com o outro constituem preocupação central deste universo. A tensão entre individualização e a busca de sociabilidade e de aliança, sob as formas mais diferentes, permeia os depoimentos. O casamento é problemático, mas a solidão é difícil. Há que assumir suas características, mas é preciso encontrar um espaço social viável.

Estamos lidando com visões de mundo densas, complexas, contraditórias. Elas ilustram, entre outras coisas, as nossas dificuldades de pesquisadores para compreender a sociedade contemporânea. Parece-me um libelo contra as simplificações e esquematismos.

5

SUBJETIVIDADE E POLÍTICA

Apresento aqui trechos de entrevistas e observações com outros indivíduos do universo investigado. São pedaços, fragmentos, que têm relação com uma visão de atividade política, de partidos e de experiência política em geral. De certa forma, complementam os resumos das histórias de vida anteriormente apresentadas. Pretendo, ao privilegiar este tema, colocar algumas questões sobre a participação deste universo social na sociedade brasileira. Obviamente, essas pessoas cujas opiniões e depoimentos passo a citar são aquelas que mais explicitamente falaram sobre o tema, embora nas *histórias de vida* apresentadas aqui e ali também já aparecessem observações significativas. Por outro lado, é a oportunidade de refletir sobre como se elabora a subjetividade em função dessa própria percepção política. É igualmente importante perceber as formas de sociabilidade que caracterizam esse *ethos*.

Pode-se tentar enquadrar o grupo até agora analisado dentro de uma *problemática de geração*. Todos os indivíduos estão na faixa entre 30 e 45 anos. Alguns, como Alberto e César, falaram explicitamente em *geração*. Creio que boa parte dos problemas, questões e temas centrais que marcam o *ethos* examinado, vinculam-se nitidamente a experiências históricas e etapas específicas da sociedade brasileira e contemporânea, em geral. É evidente que, como já foi dito, trata-se de um *grupo de ethos* particular. Assim a vertende geracional tem que ser devidamente contextualizada. Obviamente, nem todos os brasileiros dessa faixa etária apresentam a visão de mundo apresentada. Estou lidando com um universo situado, basicamente, nas camadas médias superiores da sociedade, com um nível educacional elevado e com um estilo de vida mais sofisticado, característica de certos grupos da Zona Sul do Rio de Janeiro.

Em geral, os indivíduos entrevistados têm momentos na sua vida em que a preocupação política foi muito marcante. Isto não significa militância nem atividade regular mas, pelo menos, um certo tipo de *atenção*. Vários referem-se a experiências, mais ou menos dramáticas, em que estiveram direta ou indiretamente envolvidos. Todos, sem exceção, conheceram pessoas que foram presas e torturadas, eventualmente mortas, durante o período repressivo mais violento. Embora encontremos declarações de desinteresse ou desligamento de *política*, há, sempre presente, algum tipo de consciência e preocupação com a instabilidade da ordem institucional, mesmo que isso possa aparecer em um tom *blasé*. Por outro lado, as experiências e vivências acumuladas produzem um certo clima de *ilusões perdidas*,[1] em termos mais amplos, mas muito evidente em se tratando de *política*. O ceticismo, bastante generalizado, é caracterizado por uma desconfiança quanto às reais possibili-

[1] Expressão usada por um dos entrevistados.

dades de implantação de um regime democrático no país, como por exemplo:

"Não tenho nenhuma ilusão em relação à Nova República. É claro que é bom ver os militares longe, mas eles voltam quando for conveniente. Este governo aí está cheio de PDS, oligarca, corrupto e gente comprometida com a repressão. Também não há esquerda séria no Brasil. Ou são despreparados ou são oportunistas. É bom tirar o cavalo da chuva porque as nossas perspectivas são péssimas. É bom saber que há um certo controle sobre a repressão mas ela não acabou e a qualquer hora volta." (André, 38 anos, economista)

Evidentemente, há matizes e o discurso tem variações de ênfase:

"É claro que isso que está aí não é o que queríamos. O Tancredo já era um compromisso. Agora nem sei como chamar. Mas as coisas vão melhorando aos poucos. A história não se faz em um dia. Um avanço aqui, outro ali. Não tenho grandes esperanças de ver mudanças significativas a curto prazo. Nossas alternativas são fracas. Ninguém passa incólume por 20 anos de ditadura. Jânio, Brizola, é até engraçado. A derrota do Fernando Henrique tirou muito de minhas esperanças. Vai levar muito tempo para chegarmos a uma situação de democracia mais estável, um mínimo de maturidade política. Tem sempre o perigo do golpismo. Mas temos que aproveitar as lições do passado e caminhar sem pressa demais, com paciência." (Paulo, 42 anos, advogado)

Existe, paralelamente ao desencanto e ao ceticismo, uma nítida percepção da importância do que se passa no nível das instituições e vida política para o bem-estar individual:

"É difícil reconstituir o que nós passamos. Não dá para esquecer mas é difícil expressar. O medo, principalmente. Amigos presos, desaparecidos. Sensação de insegurança permanente. A idéia de que isso pode voltar é arrepiante. É terrível também saber que o controle das grandes decisões continua, praticamente, com os mesmos grupos que sempre estiveram no poder. Abre um pouco, fecha. Tenho um tio que foi torturado pelo Filinto Müller. Os filhos dele foram torturados pela PE ali na Barão de Mesquita. O que vai acontecer com os netos? Não dá para acreditar em democracia aqui. A gente viveu uma ilusão no governo de Juscelino. Agora não dá mais para se deixar enganar. Só se estiver a fim." (Carlos, 40 anos, professor universitário)

É interessante a referência ao período do governo de Juscelino (1956-1961). Os mais velhos do universo pesquisado tinham entre 15 e 20 anos no seu decorrer. Os mais novos podiam ser ainda crianças ou estar no início da adolescência. Alguns dos quarentões mencionam o segundo governo de Vargas:

"Me lembro do final do Getúlio. A campanha do petróleo, os ataques do Lacerda, o suicídio, todo aquele drama. Eu era garoto mas me lembro como se fosse ontem do dia da morte de Getúlio. As pessoas choravam na rua. Os udenistas de minha família, todos meio encabulados, sem

graça. O povo na rua, as confusões, a correria. Depois o 11 de Novembro, o Lott, a posse do Juscelino. Achei que o Brasil era aquilo. No período de Juscelino vivia-se com liberdade e o país cresceu. Parecia que o Brasil tinha dado certo. As tentativas de golpe – Jacareacanga, Aragarças – foram ridículas. Acreditava que as Forças Armadas eram democráticas. Por isso o choque foi grande quando veio 1º de Abril, o golpe. Achava que aquelas coisas só podiam acontecer no Caribe, na América Central. Depois acontecem coisas que eu (e muita gente) achava que só podiam acontecer na Alemanha nazista. Depois, com a perspectiva histórica, é que vimos que aquela coisa do governo Juscelino é que era exceção. A democracia, no Brasil, não tem raízes, não pega." (Carlos, 40 anos, professor universitário)

Há outras maneiras de descrever a sensação de estranheza que o mundo da política pode provocar:

"Minha participação sempre foi meio de carona. Sempre me considerei de esquerda, mas sempre meio confusa. Acho que quase fui do PC. Depois briguei com meu marido e me afastei de reuniões, discussões, tarefas. Houve a fase PT. O namorado era petista. Achei tudo muito bonito e simpático. As festas eram animadas. As pessoas eram mais bonitas, menos caretas. Mas não podia me levar a sério, pois eu mesma percebia que as opções estavam sempre perto dos namoros, casamentos, casos. Em todo caso, acho que percebi que não queria uma coisa muito rígida, esquemática. A análise que fiz e pessoas que conheci me afastaram ou me ajudaram a me afastar daquelas certezas de juventude quando me achava marxista. O caso é que acho que fui muito

usada desde a política estudantil. Talvez fosse boba e as pessoas não tinham cerimônia de me usar.

Recebi muitas ordens e me cansei de bater continência para gente que eu achava incompetente. Depois, mais tarde, fui vendo outras coisas e duvidando da seriedade de pessoas que antes venerava. Vaidade, briguinhas de poder. Enquanto isso, estávamos em plena ditadura. E as pessoas aqui brigando para ser subchefe de alguma porcaria. Parei com tudo. Cuidei de minha cabeça, de minha vida, de meu patrimônio. Lembrei que tinha um filho para criar. Hoje não quero saber. Votei no Saturnino por falta de opção. Preferia ter votado no PMDB, mas não dava. Talvez devesse ter votado no Marcelo mas não votei. Tenho horror do Brizola, dos brizolões, brizolinhas etc. Mas tenho mais pavor de Jânio. Só acho que os militares não deixam o Brizola assumir a presidência. Tem-se que inventar outra coisa. Mas não tem ninguém. Não tem partido. É tudo uma grande zona, umas brigas de faca por poder, dinheiro, sexo, sei lá, qualquer coisa. Quero viver a minha vida com meus amigos e se a coisa ficar insuportável vou me embora. Já fiz isso uma vez, posso fazer outra." (Norma, 39 anos, arquiteta)

A percepção da política como um domínio no qual as pessoas se deformariam, corromperiam, também aparece:

"Não sei o que acontece com as pessoas quando passam a fazer política e conseguem posições. Uma coisa é ser oposicionista, outra é estar no governo. Será que é verdade que o poder corrompe todo mundo? Mas são uns cargos, uns títulos meio bobos. O sujeito já fica se achando especial e passa a te olhar com ares de superioridade. Conheço um que ficou doente, de cama, porque não foi nomeado para

um cargo aí na Nova República. Cara moço, uns 40 anos. Me lembro dele revolucionário, meio hippie, fumando maconha, lendo Marcuse.

Agora anda sempre de terno e gravata, com uma cara de pessoa muito importante. Mal falou comigo na rua. Eu achava que éramos amigos.

Há vários casos assim. Tem outro que foi parar em Brasília e tem um cargo num ministério. Mudou tudo. O visual, o jeito de falar. Parece que tinha um parente amigo lá do ministro. Encontrei na praia. Fui falar com ele. Deu uma espécie de rosnado e continuou andando com uns amigos que devem ser também lá da turma do governo. Ora, eu não mudei tanto. Não fiquei chata da noite para o dia. Então, o que é isso? Dá para confiar nessas pessoas? Será que é isso que acontece com todos? Deve haver umas exceções mas eu não conheço. Quero ver daqui a alguns anos que gente vai ser essa." (Maria, 38 anos, psicóloga)

Creio que os trechos citados já possibilitam a confirmação dessa visão muito negativa da atividade política. Por outro lado, especialmente através do último depoimento, ficamos sabendo que há amigos e conhecidos que, de alguma maneira, têm atitude e participação diferentes. Há outras informações que confirmam isso.

Portanto, evidencia-se que o caminho dos indivíduos que entrevistei é uma das alternativas acionadas dentro do universo de camadas médias superiores. Mas, sem ser exclusiva, parece ser uma tendência bastante acentuada.

Os 21 anos de regime autoritário marcaram profundamente a visão de mundo desse universo, desenvolvendo uma atitude cética generalizada diante de projetos mais *politizados*. Há uma percepção de que existem *interesses indivi-*

duais que podem ser distinguidos de preocupações com sociedade e política e que é legítimo, válido e correto abrir espaço para esses interesses. Trata-se, em outros termos, da já mencionada valorização da esfera privada em detrimento da esfera pública.

Coloca-se, novamente, a problemática constantemente retomada neste livro. Ou seja, a avaliação dos limites de ser *sujeito no mundo*. O desencontro diante do domínio do público está, obviamente, relacionado com a sensação de impotência, expressão de experiências frustrantes na trajetória do universo em pauta.

Por outro lado, estabelece-se um espaço – o do privado, em que é possível, pelo menos, em princípio, organizar condutas que têm resultados palpáveis. Isso pode se traduzir num maior sucesso profissional em termos mais específicos, uma ampliação ou consolidação de um patrimônio, a preocupação e a possível melhoria de relações familiares, afetivas, com casamentos, filhos etc.

Esse passa a ser o domínio da realidade em que a ação pode produzir resultados significativos para a existência desses indivíduos. A política e seus correlatos aparecem como dimensão remota, muitas vezes, como vimos, com conotações negativas, eventualmente antagônicas aos projetos de realização e felicidade *individuais*. Ora, é nesses termos que, de fato, estamos lidando com um universo tipicamente portador de uma *ideologia individualista*, em que o indivíduo biológico é a unidade mínima e básica em termos de significado e valor. Mas não se trata de qualquer individualismo mas um com características específicas, desde que as ideologias individualistas, historicamente, estão longe de ter sido incompatíveis com a idéia de responsabilidade pública. A formação do Estado moderno e o desenvolvimento das revoluções burguesas apóiam-se, justamente, em um embricamento particular, em que interesses *privados, particulares* e os *públicos* encontram pontos de articulação através de uma visão de mundo que já foi exaustivamente analisada por autores como Max Weber (ver Bibliografia). A eficácia dessa visão de mundo passava por sua capacidade de articular domínios diferenciados ou em processo de diferenciação.

A *modernidade* está associada a uma fragmentação e/ou diferenciação de esferas da vida social e cultural. A cultura da burguesia foi capaz de, paralelamente, diferenciar domínios como a família e o trabalho mas, ao mesmo tempo, reorganizar suas vinculações e organicidade em outros patamares e instâncias.

O protestantismo, analisado por Weber, foi uma das expressões dessa possibilidade. No entanto, há discrepâncias e descontinuidades. Contemporaneamente, pelo menos, desde o início do século XX, há claras demonstrações culturais e artísticas que trazem a marca da contradição, da fragmentação e de desintegração. A psicanálise, o surrealismo e a própria antropologia são alguns exemplos da preocupação de lidar com as especificidades de domínios e com a relativa intransponibilidade entre suas fronteiras.

Com essa vivência de fragmentação, o universo pesquisado valoriza, unanimemente, a relação com os amigos, o companheirismo de grupo. É um individualismo que se elabora através da interação permanente com certos parceiros escolhidos e valorizados dentro desses *ethos*:

"O que segura a barra, garante a qualidade de vida, são os amigos. Tenho alguns com que convivo há mais de 20 anos. São pessoas com cabeça parecida com a minha,

interessadas em literatura, teatro, cinema. Mas não é um esnobismo. Gostamos de jantar fora, de beber juntos. Mas é uma gente muito especial. Não dá para misturar. Tenho horror a falso intelectual. Chega uma hora que a gente tem que selecionar com quem anda. Pessoas mais críticas, mais abertas e tolerantes. Sobretudo gente educada que não se exibe demais. Todos lêem muito. É claro que de acordo com os interesses de cada um. Mas há muito interesse comum. Não se fala muito sobre isso. Está mais implícito. O que mais fazemos é conversar, bebendo ou não. Trocamos idéias, brincamos, falamos sobre o mundo, sobre a vida. Nos encontramos regularmente, viajamos juntos. Há brigas, é claro, mas acaba-se resolvendo, justamente, por isso que falei. Quase todos fizeram análise, se conhecem, não queremos enganar ninguém. Há um certo amadurecimento mas sem caretice." (Carlos)

Ora, fica patente que a identidade dos indivíduos passa, quase sempre, por uma forte vinculação a um *grupo de pares* que, de diversas formas, reforça certas crenças e valores. A identidade se constrói, classicamente, por contraste com outros indivíduos e/ou grupos *caretas, falsos intelectuais, imaturos, não-analisados* etc. A autopercepção, portanto, é fortemente filtrada pelo olhar do grupo, do *network*. A *subjetividade*, a vida interior, as opções mais íntimas são marcadas por um *ethos* em que a *sociabilidade* assume um tom caracteristicamente marcante. Nos termos de Simmel, já mencionado, a *cultura subjetiva* dos indivíduos entrevistados só pode se desenvolver em função de sua interação com um grupo de eleitos. É neste espaço que torna-se possível implementar os mecanismos de sociabilidade que, por sua vez, são fundamentais para a elaboração da subjetividade. Se a psicanálise é básica para esse aperfeiçoamento, ele, de fato, se atualiza e *prova* sua eficiência através da qualidade das relações pessoais, das escolhas e da natureza de *grupo de pares*. É fascinante, nesse sentido, o seguinte depoimento:

"Já andei com gente dos tipos mais diferentes. Mas sempre tive um grupo de amigos mais próximos, que confio e gosto muito. Nós nos damos bem e nos entendemos. São pessoas que se respeitam e conhecem o mundo. É o tal negócio, dize-me com quem andas, dir-te-ei quem és. *Gosto de andar com pessoas que têm alguma coisa a ver comigo. É mais do que leitura, é um tipo de formação, de educação." (Mário)*

Creio que essa é uma síntese adequada deste *ethos* e visão de mundo.

Resumindo, ao reconstituir a trajetória desses indivíduos e sua relação com a política, fica evidente que há uma tendência à centralização em torno de um conjunto de valores em que a sociabilidade de caráter mais intimista, vinculada a um grupo particular, é o valor chave. O aperfeiçoamento individual, da subjetividade que passa, quase sempre, pela psicanálise, atualiza-se na constituição de uma rede social, de um grupo de pessoas que têm marca própria de distinção que, na sua visão, os diferenciam significativamente de outros contemporâneos. É a maneira que encontram de inserir-se no mundo, de participar socialmente. Há uma clara correlação entre o desenvolvimento pessoal, subjetivo e as formas de associação, de sociabilidade valorizadas.

6

PAIXÃO E RACIONALIDADE

Um dos temas mais expressivos na narrativa das trajetórias individuais é aquele que remete à problemática da *paixão*. De uma maneira geral, como foi visto, o discurso apresentado reveste-se de uma tonalidade racionalista.

Os fatos são, em princípio, explicáveis. O ceticismo é apoiado em uma avaliação crítica do mundo e da sociedade. É justamente essa visão que pesa, julga, que leva a uma ênfase nos interesses individuais, em eventual detrimento de questões sociais e políticas mais amplas. Como já disse, isto se dá, enquanto experiência de geração, a partir de decepções e frustrações no período do regime autoritário. O afastamento e o desinteresse pela *res publica* é produto desta experiência e, conforme pôde se ver no capítulo anterior, dá margem a uma opção deliberada e assumida por ideologias individualistas, onde o privado desbanca o público. Mas o *interesse individual* não pode ser visto como algo essencialmente pragmático, utilitarista. Há uma forte valorização de laços afetivos, da importância da vida particular, amorosa.

A experiência psicanalítica, direta ou indiretamente, influencia um *ethos* onde a sexualidade e o inconsciente são a contrapartida dos projetos individuais apoiados na razão e no livre-arbítrio.[1] No entanto, cabe lembrar que a psicanálise é um discurso que pretende explicar, conhecer os processos afetivos, desejos etc. Ora, procurando interpretar não só os depoimentos mas as observações como um todo, parece haver uma aceitação da irrupção do *irracional* na vida dos indivíduos. A forma privilegiada para o surgimento dessas situações é a *experiência da paixão*. Esta categoria é do próprio discurso do universo e embora apareçam outras como amor, atração, desejo, há um tom particularmente vigoroso quando aparece ou é verbalizada a *paixão*, propriamente dita. Esta, aparece tanto em depoimentos de homens como nos de mulheres. Sem pretender ser definitivo, pelo menos no universo investigado, essa experiência parece ser mais assustadora e, eventualmente, desorganizadora para os homens do que para as mulheres. Não sei, exatamente, qual poderá ser o papel do meu *bias* masculino nessa afirmação, mas creio que sendo sempre uma experiência perturbadora, as mulheres em pauta tendem a aceitar o fato com menos surpresa, o que não significa, obviamente, menor intensidade e, eventualmente, sofrimento. O que parece haver de comum, em termos de expressão e representação, é que é algo súbito, muito forte e incontrolável. Aparece em depoimentos, de forma bem nítida, como a vida profissional, a familiar etc. são sacudidas, desorgani-

---

[1] Fica claro que estou trabalhando com a dualidade *razão* e *emoção*, que tem uma longa história no pensamento ocidental. Procuro me limitar a tratá-la dentro do contexto da visão de mundo específica que procuro investigar. Não significa, portanto, que a endosso em termos absolutos e universais.

zadas, em função desse evento. Cabe lembrar o trabalho de Viveiros de Castro e Araújo (1977) em que discutem a noção de amor associada ao desenvolvimento de valores individualistas. No caso do universo por mim pesquisado, parece não haver dúvida de que esposa um tipo de ideologia individualista bem marcada. Creio que a *paixão* tem, justamente, essa propriedade de acentuar a *uniqueness* da experiência individual. Por mais que se saiba que outros contemporâneos, amigos, parentes, conhecidos, possam ter se apaixonado, a *paixão* traz sempre algo de idiossincrático, original, pelo menos da maneira como aparece representada nos depoimentos. Trata-se, creio, de uma das formas mais dramáticas de vivenciar a existência e a relação com o outro. Mesmo em se tratando de intelectuais racionalistas, ocorre a imagem de possessões dionisíacas, como no seguinte trecho:

"Amor é um sentimento que vai sendo construído. Tem a ver com o tempo. É claro que precisa haver atração, desejo. Há também uma espécie de amizade. É diferente do que eu vivi quando me apaixonei. Isso aconteceu duas vezes na minha vida. Perdi a cabeça. Queria de qualquer forma. Não pensava em outra coisa. Esqueci trabalho, amigos, e, num caso, mulher e filhos. Uma vez fui correspondido. Durou alguns meses. Foi intenso, parecia o paraíso. Não era só uma coisa de cama. Era um entendimento, uma vontade de estar junto. Não precisava nem falar. Não sei explicar como acabou. Um dia acabou. Perdeu o encanto. Voltei à rotina, ao dia-a-dia. Levei algum tempo para me adaptar à vida normal, mas acabei retomando um ritmo mais devagar, mais calmo.

Na segunda vez quase enlouqueci porque não era cor-

respondido. Me sentia às vezes ridículo, inconveniente. Telefonava, seguia. Às vezes me achava anacrônico, fora de época. Tanta mulher por aí, afinal de contas. Mas eu queria ela. Sofri, me descabelei, fiz até escândalo, de porre. Cometi vários vexames. Não trabalhava direito, fui grosseiro com amigos que tentaram me ajudar. Cheguei à beira do alcoolismo. Isso durou uns seis meses. Minha vida em casa virou um inferno. Minha mulher sabia. Eu mesmo falei. Meus filhos não entendiam nada. De vez em quando conseguia conversar com ela, a paixão... Eram conversas meio absurdas, masoquistas. Saía, às vezes, com ilusões. Mas a culpa não era dela. Era tudo loucura minha. Ela só tentava ser gentil e educada. Eu armava toda a confusão. Pensei em me separar. Na prática, me separei. Mas depois de vários choques e decepções, entrei em uma depressão daquelas. Aí foi passando, passou. Até hoje incomoda um pouco quando penso, quando vejo. É diferente do outro caso. Acho que nunca me apaixonei pela minha mulher. Sempre gostei muito, nos damos hoje melhor do que nunca. Conversamos, nos entendemos. Mas é totalmente diferente." (Carlos)

É instigante pensar em uma dialética *interno-externo* a partir desse depoimento. A *paixão* acontece, tem um tempo e vai embora, desaparece. Já foi comparada por vários autores a uma *doença*, a um *vírus*. Mas o que é mobilizado é o que existe de mais profundo, de mais íntimo, da subjetividade propriamente dita. Nesse ponto há algo de Werther, de René, nas falas dos homens entrevistados. Ou seja, em um universo em que a psicanálise, o marxismo etc. são importantes na constituição de uma visão de mundo, encontramos algo que talvez precipitadamente descrevesse como um *romantismo* dos inícios do século XIX. Mas estamos no final do século XX e eis aí o tom intenso, desmesurado da *paixão*. Registra-se, neste universo, a existência de suicídios ou tentativas de suicídios aparentemente ligados à frustrações amorosas.

Creio que isto deve ser entendido como da própria natureza complexa da construção social da realidade na sociedade contemporânea. Não há, como foi visto no Capítulo 3, uma coerência linear, mas uma coexistência contraditória entre códigos e valores. É bom lembrar que, em outro contexto, algumas das pessoas pesquisadas, racionalizantes, materialistas etc., recorrem à astrologia, ao tarô e a outras atividades esotéricas e/ou ocultistas. Embora neste grupo seja raro, há um ou outro que já tenha recorrido a centros espíritas.

Ou seja, a *paixão* aparece aqui como parte de uma vertente desses *ethos* e visão de mundo que classifico, com alguma arbitrariedade, de *irracionalista*.

Há um espaço de tolerância bastante significativo para as pessoas que estão *apaixonadas*. Embora possa haver restrições em relação a excessos que podem ser rotulados de *neurose*, registra-se a *crença na paixão*. Creio que isto é fundamental pois, com todas as variações individuais, parece-me ser esta, de fato, uma crença comum e altamente significativa na elaboração das identidades sociais. Mesmo aqueles indivíduos que dizem não ter passado por essa experiência, afirmam acreditar e mesmo invejar pessoas apaixonadas. Com certeza, é encarada como uma das experiências individuais mais fortes e dramáticas:

"Acho que a história de minha vida tem como marcos as paixões *que vivi. Os antes e os depois. Todo o resto pare-*

ce meio secundário. É porque fui sempre apaixonada que percebi coisas importantes sobre mim e sobre o mundo. É como se te ligassem a uma velocidade maior, diferente. Parece meio literário, mas é o vocabulário que temos. Você está ligado a uma pessoa mas, ao mesmo tempo, tem uma ligação diferente com o mundo, cores intensas, tudo fica mais forte. Não dá para viver o tempo todo assim. A gente se esgota, mas é triste não passar por isso. Mesmo que se sofra, ganha-se alguma coisa. É a tal experiência inesquecível." (Norma)

A *paixão*, portanto, é a presença do extraordinário que penetra o cotidiano, transformando-o. É representada como uma espécie de *iluminação*, há algo mesmo de *mágico*. Tenho plena convicção de não estar registrando nenhuma novidade quanto às diversas percepções e expressões da categoria *paixão*. Essas descrições e depoimentos são bastante recorrentes, tanto historicamente como em diferentes grupos sociais. Creio, no entanto, ser interessante vê-la dentro deste universo específico e procurar perceber como pode estar relacionada a outros elementos e marcas do *ethos* descrito.

A vertente da racionalidade enfatiza, a partir da definição de interesses específicos, a organização de projetos, de condutas organizadas com o objetivo de atingi-los. Isto envolve as mais diversas dimensões, inclusive, a própria administração da vida afetiva. A irrupção da *paixão* não está, pelo menos, ao nível da *representação consciente*, prevista, embora seja encarada como possibilidade. Quanto à subjetividade, em seus termos mais amplos e complexos, coloca-se a problemática da *vontade*. Uma vez definido um certo conjunto de valores, mesmo ambíguos e contraditórios surge a questão de como são implementados através de uma ação social associada e uma *vontade* que para se manifestar precisa, seguindo Simmel, de indivíduos-sujeitos.[2] Voltamos a alguns pontos que discuti, ao mencionar a obra de Raymond Firth (ver Capítulo 3). Quanto à organização social, é preciso verificar quais são as condições que delineiam reais possibilidades de mudança a partir de decisões e opções individuais. A relação entre *vontade* e *projeto* é complexa e só posso deixar aqui algumas sugestões em função da categoria *paixão*, e como é percebida e vivida no segmento geracional pesquisado.

A noção de projeto, conforme Schutz (ver Bibliografia) implica uma avaliação de meios e fins estando, portanto, fortemente vinculada a uma adequação a uma realidade *objetiva, externa*. Implica, também, é claro, uma avaliação *consciente* de condições subjetivas. No entanto, a *paixão*, como foi visto, vem muito associada ao inexplicável, até mesmo ao misterioso, certamente ao incontrolável. Nas diferentes e polêmicas discussões sobre *vontade* há, sem dúvida, um espaço, maior ou menor, para reconhecer, ao nível da subjetividade, o *irracional*, o *desejo*, as *forças vitais incontroláveis*. Mas a *vontade* é também uma forma de expressar o domínio do sujeito, sua afirmação. Creio ser possível, em nível teórico, procurar aproximar as noções de *projeto* e *vontade* para tentar lidar, em uma perspectiva de cientista social, com o domínio das emoções. No caso desse grupo de indivíduos que estudei, a *paixão*, sem dúvi-

---

[2] Em termos de uma discussão mais filosófica, fica a questão de se a *vontade* é a condição inicial para a emergência do *indivíduo-sujeito* ou vice-versa.

da, implica sempre um drama social que envolve diferentes atores nos termos de Victor Turner.

De alguma forma, envolve uma *rede social* que inclui aliados e adversários. Já se disse que qualquer situação dessa natureza sempre registra Capulettos e Montechios, mesmo que não existissem previamente. Assim como no caso das *separações* do Capítulo 1, a *paixão* mobiliza amigos, conhecidos e parentes, todos com opiniões e posições. Quando se torna pública, passa a ser *objeto* privilegiado de *gossip*, comentários e, eventualmente, intrigas. É evidente que isso varia muito em função dos papéis que os indivíduos, diretamente incluídos, ocupam na rede. O evento não será sempre igualmente dramático. Pessoas solteiras, separadas, casadas, viverão, em princípio, situações diferenciadas. Há outras distinções, em termos de papéis sociais, que poderiam também ser registradas como, por exemplo, a faixa etária ou as próprias diferenças de *status* em nível mais amplo.

A *paixão* é uma crença dentro desse universo e de sua cultura. Ela, no entanto, pode ser mal-recebida, ser considerada perigosa, nociva ou inadequada. Há mecanismos de controle social, acusações, pressões para, de alguma maneira, domesticá-la. Os próprios sujeitos da *paixão* geralmente acabam, de alguma forma, como foi visto, procurando domesticá-la. Nesse sentido, pode-se argumentar que a *paixão* é representada de maneira particularmente ambígua. De um lado, é valorizada como expressão forte e genuína da individualidade. Por outro lado, é perigosa pois pode romper e ameaçar a boa *ordem do mundo*, podendo até ser vista como *anti-social*:

"Me disseram que eu estava exagerando, que estava inconveniente. Recomendaram que fizesse análise, até que

procurasse um psiquiatra. Quase fui. Claro que tive amigos que me apoiaram, que me deram força. Mas muita gente ficou assustada, eu mesmo. Uma pessoa apaixonada fica meio maluca, descontrolada. A gente lê, vê no cinema, ouve falar, mas só a experiência da paixão é que vale mesmo. Teve gente que fez fofoca com ela, a meu respeito. Inventavam, exageravam, contavam histórias. Alguns eram bem-intencionados. Outros estavam com inveja mesmo.

A gente sofre, vai até o inferno. Mas depois de passar por tudo isso, ficam as cicatrizes. Olhar e sentir as cicatrizes me dá uma sensação de maturidade. Não fugi da vida. Fui fundo." (Carlos)

Sabemos que as emoções têm, por definição, sempre uma dimensão social. Mas o espaço para sua expressão está sujeito, por isso mesmo, a regras. Parece ser uma temática profícua para discussões mais gerais sobre Natureza e Cultura.

Cabe registrar que a vivência da *paixão*, como é percebida nesses depoimentos, constitui uma experiência única, ao mesmo tempo que revela, de maneira dramática, o processo de individualização, no sentido de ser fundamental para a elaboração de uma *cultura subjetiva*. Por mais ameaçadora e perigosa que possa ser, ou por isso mesmo, existe a crença de que é enriquecedora em termos da elaboração da subjetividade. Assim, parece-me ter até um certo caráter pedagógico. Se isto é verdade, permanece a evidência de que os indivíduos acreditam em se aperfeiçoar, em se tornarem melhores, mais *sujeitos*. A esfera privada, como sugerido no Capítulo 2, mais uma vez parece ser o domínio privilegiado para o nosso universo, em contraste com o público. A *paixão*, por outro lado, em algum momento, precisa se adequar, minimamente, às regras da aliança. Talvez aí, então, sendo domesticada, muda de natureza. Passando a ser algo mais estabilizado, rotinizado, transforma-se em um sentimento socialmente mais previsível, mais controlável.

A dicotomia razão e emoção atravessa o discurso e a experiência do universo. A psicanálise é uma das formas de tentar lidar com as tensões e contradições daí decorrentes. Essa dicotomia não sendo a única é, no entanto, uma das maneiras de se perceber a fragmentação da experiência do mundo moderno e de tentar situá-la. De qualquer forma, há uma tentativa, cujo grau de consciência varia, de procurar uma *harmonia* que garanta um patamar básico de segurança e estabilidade existenciais. Não há a menor dúvida de que esta problemática atravessa séculos de história do Ocidente. As vertentes idealistas, materialistas, racionalistas, pragmatistas etc., de todos os tipos, têm debatido e explorado esse foco privilegiado de tensão no pensamento ocidental. Por outro lado, há que perceber como a questão se coloca para grupos sociais específicos, em conjunturas históricas particulares.

Além da psicanálise, já mencionei, a procura das soluções ditas alternativas como, homeopatia, astrologia, tarô, dança e expressão corporal etc. Essas podem se combinar e se articular de diferentes maneiras.

Neste universo encontramos, portanto, algum sincretismo, embora tenda a predominar, ao nível do discurso, uma tônica racionalista que procura, mesmo que precariamente, dar conta da dimensão emocional e afetiva. A crença na *paixão*, embora possa ser matizada por tentativas de explanação racional, foi, ao nível das representações, o que encontrei de mais forte da vertente que classifiquei como *irracionalista*. O exercício da *vontade*, no caso da *paixão*, implica caminhar até um determinado ponto, correndo o risco fundamental da *perda de controle*. Está ligada a esse sentimento de profunda insatisfação. Manifesta-se como a procura de superação das rotinas do cotidiano, uma tentativa de descobrir algo de novo, de definitivo.

Creio, por tudo isso, que existe associada ao *ethos* descrito uma outra *crença* importante. Passa pela valorização do sofrimento como fonte de conhecimento. O *self cultivation* nesse contexto, aperfeiçoar-se como sujeito, está inevitavelmente associado à experiência da dor e da perda. A vivência da *paixão* é valorizada também por essas conotações. Todas as crenças mencionadas giram em torno de uma ideologia individualista agonística que é, mais uma vez, marca registrada do universo pesquisado. A *harmonia*, já mencionada, é algo a ser conquistado e não é dádiva do Olimpo...

7

CONCLUSÕES

Apresentei dados e reflexões a partir de uma pesquisa sobre camadas médias altas da Zona Sul do Rio de Janeiro. Mais precisamente, trata-se de uma faixa geracional compreendida entre 30 e 45 anos. Sem chegar a constituir um grupo com identidade assumida, todos os indivíduos pertencem a uma rede social básica. Mesmo sem se conhecerem todos, diretamente, têm amigos e conhecidos comuns. A própria pesquisa efetivou-se pelo fato do pesquisador também participar dessa rede. Há contemporâneos de colégio, faculdade, política estudantil, antigos vizinhos e, eventualmente, parentes.

Como em toda pesquisa há certas premissas e hipóteses que me levaram a privilegiar temas como a família e a política. Outros pesquisadores talvez pudessem utilizar o mesmo material de entrevistas, depoimentos, de forma diferente. Deve ficar, no entanto, claro que minhas escolhas sempre procuraram levar em consideração as pistas que consegui captar através, tanto do discurso explícito, como de outros sinais transmitidos, pela categoria social investigada. Por outro lado, as reflexões que desenvolvo não estão coladas a essas pistas. O processo de compreensão passa pela tentativa, muitas vezes frustrada, de ir além e levantar hipóteses e possibilidades que não se colocam, necessariamente, a nível consciente, para os indivíduos entrevistados, e cuja inserção na sociedade procuramos entender. É aqui que se manifesta tanto a problemática teórica que interessa prioritariamente ao investigador como seu *bias*, sua trajetória pessoal e motivações que podem estar numa zona de sombra que ele próprio talvez não saiba e nem possa desvelar.

O melhor exemplo que me ocorre é a questão da relativa importância da particularidade individual. Em vários depoimentos encontro a tensão entre valorizar a experiência particular que sublinha o indivíduo e a tendência de nivelar as experiências individuais dentro de um processo histórico e social mais amplo. Creio que, sem nunca acabar com a tensão, predomina, em geral, a valorização do *indivíduo-sujeito* e de suas potencialidades. Aí, as minhas preocupações teóricas de recuperar a importância do indivíduo na história e na sociedade levam-me a fazer uma leitura e interpretação que focalizam mais certos aspectos do que outros, forçosamente. Acredito que minha interpretação não só dos depoimentos mas, das observações, etnografia etc. é, dentro dos limites do possível, correta. O que não quer dizer que exclua outras interpretações. Creio, também, como Simmel e Nietzsche, que as diferenças individuais podem se tornar histórica e socialmente relevantes. Também valorizo as potencialidades individuais que podem ser ou não atualizadas existencialmente. Preocupo-me, junto com meus "personagens", com as dificuldades de efetivar esta atualização. O descompasso das culturas *objetiva* e *subjetiva* recebo como objeto de preocupação, através de Simmel, e vejo essa dificuldade na vida dos indivíduos da categoria social investigada e nas representações que apresentam sobre a sociedade e o mundo.

Ao focalizar a *experiência social*, fica evidente, para mim, que o fato de terem vivido mais de 20 anos de suas vidas (em certos casos quase toda a vida adulta) sob a égide de um regime autoritário e repressivo, marcou profundamente sua percepção do mundo e da sociedade. Daí a ênfase na geração, na faixa etária, que os distingue de seus pais e de seus filhos. Vimos como, em vários casos, a experiência do segundo governo Vargas e do período de Juscelino chegou a criar uma expectativa violentamente frustrada com os acontecimentos de março-abril de 1964. A própria experiência de engajamento político, embora restrita, também deixa marcas indeléveis. Mais ainda, o advento da *Nova República* é encarado com, no mínimo, reserva e muitas vezes, total ceticismo.

A *particularidade* do universo investigado se acentua a partir de sua posição na sociedade brasileira. Em termos de ocupação, renda, consumo estão nas faixas superiores das camadas médias. Sua educação reforça essa posição, chegando em certos casos a colocá-los como parte de uma elite. Têm conexões com a burguesia e com as camadas mais abonadas. A maioria esmagadora já viveu ou esteve no exterior. Há um certo cosmopolitismo que os distingue de outras camadas que podem estar na mesma faixa de renda, mas que seriam mais provincianas, na sua própria avaliação.

O objeto de meu estudo foram essas experiências e, sobretudo, as representações que elabora o universo, o significado e a interpretação que dão a, pelo menos, certos domínios de sua vida e da sociedade.

Privilegio a questão da liberdade e do determinismo, com tudo que envolve a construção do *sujeito no mundo*, suas potencialidades, circunstâncias e limitações. Procurei expor a natureza da dialética indivíduo e sociedade, como é representada no universo, e de que forma são percebidas suas possibilidades de intervenção no mundo externo e nas suas próprias vidas.

O espaço que dou às histórias de vida e trechos de depoimentos não é pelo gosto da crônica e do *gossip*. Trata-se de uma tentativa de apresentar, como já disse, indivíduos expressando seus pontos de vista e sua visão de mundo. Já comentei a sua dimensão de *personagens*, enfatizando o caráter demiúrgico da reconstrução e interpretação do pesquisador.

Chego a uma questão até certo ponto delicada e, possivelmente, polêmica. Refiro-me aos valores e juízos do pesquisador. Já situei-me em relação ao problema da neutralidade, chamando a atenção para a inevitável interferência dos valores mencionados e da necessidade de saber lidar com eles para, de certa forma, controlá-los.

Neste trabalho, no entanto, quero assumir uma postura diferente. Ao concluir estas reflexões, deixo explícitos não só certos valores mas procurarei defendê-los.

Acredito que na sociedade moderna o indivíduo tende a ser unidade básica significativa, a medida de todas as coisas. Admitindo que isto não é um fenômeno universal e que existem sociedades e modelos hierarquizantes, holistas, relacionais etc., as ideologias individualistas, de diferentes matizes, dominam, de maneira significativa, a visão de mundo de boa parte das categorias sociais. Isto fica particularmente evidente em *camadas médias intelectualizadas*. Sei que no próprio universo de camadas médias há variações significativas, e podemos encontrar a presença de uma visão de mundo holista, hierarquizante. Isto se manifestará, por exemplo, em certas ocupações mais do que em outras. A lembrança mais óbvia talvez seja a dos militares. Mas, forçaria, possivelmente, a imagem, para dizer que em se tratando de *camadas médias* temos cada vez mais o desenvolvimento de individualismos, embora persistam "ilhas" holistas. Em termos da sociedade brasileira, como um todo, a questão já é bem mais complexa. Certamente, não concordaria com a idéia de que existem "ilhas" individualistas cercadas por um oceano holista.

Quais as conseqüências da dominância de uma ideologia individualista para o universo aqui examinado e discutido? O individualismo, em si, nada tem de despolitizante, como também já foi explicitado neste trabalho. No caso em pauta, pode-se argumentar haver, na origem, uma conotação hedonista e/ou narcísica na sua constituição (ver Lasch, 1978). A extrema valorização do privado, em detrimento do público, em uma relação desequilibrada, parece estar irremediavelmente vinculada a uma conjuntura histórica que acentuou as tendências acima mencionadas. Não há indícios de modificações a partir das mudanças ocorridas nos últimos dois anos no Brasil. Pelo contrário, a interpretação da *categoria social* investigada tende a sublinhar, mais ainda, sua rejeição de política, tanto no sentido restrito do termo como no mais amplo. O investimento existencial é, desta forma, concentrado na área do privado. Isto produz uma elaboração particular da *subjetividade.* A relação com a *cultura objetiva* se dá de forma específica desde que, de saída, há uma tendência à exclusão de vinculação com domínios, em princípio, significativos para a própria constituição desta *cultura objetiva*. É evidente que se coloca a pergunta sobre o papel que esses indivíduos podem exercer nos processos sociais mais amplos. É possível que venha a ser mínimo. Mas, também não pode ser excluída a possibilidade de que, a longo prazo, esse aparente solipsismo possa implicar o desenvolvimento de uma *cultura subjetiva* que, a despeito das *vontades individuais*, tenha efeitos e conseqüências na *cultura objetiva*. O encapsulamento, o aparente isolamento, pode preservar ou cultivar certos valores que venham a ser, em algum momento futuro, apropriados em outras circunstâncias e contextos diferentes. Talvez eu esteja acreditando em um *jogo de contas de vidro* que, por definição, é frágil e arriscado. Mas é bom lembrar que sempre existe o reverso da medalha e o que podemos captar, dentro da precariedade de nosso conhecimento, sempre é uma aparência ou, pelo menos, um lado, uma versão de um todo muito mais complexo, cujos mistérios se sucedem ininterruptamente, à medida que temos a ilusão de tê-los desvendado.

BIBLIOGRAFIA

ADAMS, Richard Newbold
1970 *Cruxification by Power.* Austin, University of Texas Press.
ARAGÃO, Luiz Tarlei de
1983 "Em Nome da Mãe". *In*: Franchetto *et alii*, 1983.
ARIÈS, Philippe
1978 *História social da criança e da família.* Rio, Zahar.
BATESON, Gregory
1958 *Naven: A survey of the problems, sugested by a composite picture of the culture of a New-Guinea tribe drawn from three points of view.* Stanford, Stanford University Press, 2ª edição.
BECKER, Howard S.
1966 *Outsiders: Studies on the sociology of deviance.* N. York, The Free Press.
1970*a* "Careers, Personality and Adult Socialization". *In*: – *Sociological Work: Method and substance.* Chicago, Aldine, pp. 245-60.
1970*b* "Personal Change in Adult Life". *In*: – *Sociological Work: Method and substance.* Chicago, Aldine, pp. 289-303.
1977*a* *Uma teoria da ação coletiva.* Rio, Zahar.
1977*b* "Mundos Artísticos e Tipos Sociais". *In*: G. Velho, 1977, pp. 9-26.
BERNSTEIN, Basil
1971 "Theoretical Studies towards a Sociology of Language".

In: – *Class, Codes and Control.* Londres, Routledge & Kegan Paul, vol. 1.

BOAS, Franz

1966 *Race, Language and Culture.* N. York, The Free Press.

BOTT, Elizabeth

1971 *Family and Social Network.* Londres, Tavistock.

BOURDIEU, Pierre

1964 *Les héritiers.* Paris, Minuit.

1974 "Condição de Classe e Posição de Classe". *In*: – *A economia das trocas simbólicas.* S. Paulo, Perspectiva, pp. 2-25.

CARNEIRO DA CUNHA, Manuela

1985 *Negros, estrangeiros.* S. Paulo, Brasiliense.

DAUSTER, Tania

1984 "A Experiência 'Obrigatória': Notas sobre o significado do filho em camadas médias urbanas". Rio, Museu Nacional, PPGAS, datil.

DAVIS, R.H.C

1968 *A History of Medieval Europe.* N. York, David MacKay.

DUARTE, Luiz Fernando Dias

1983 "O Culto do Eu no Tempo da Razão". *Boletim do Museu Nacional*, Nova Série, nº 41, agosto. (Versão preliminar, 1980.)

1984 "Pouca Vergonha, Muita Vergonha – Sexo e moralidade entre as classes trabalhadoras". Comunicação apresentada no IV Encontro Nacional de Estudos Populacionais, ABEP, outubro.

1986 *Da vida nervosa nas classes trabalhadoras urbanas.* Rio, Jorge Zahar Editor.

DUMONT, Louis

1970 *Homo hierarchicus: An essay on the caste system.* Chicago, University of Chicago Press.

1977 *Homo eaqualis.* Paris, Gallimard.

EVANS-PRITCHARD, E.E.

1968 *The Nuer.* Oxford, Clarendon Press.

FIGUEIRA, Sérvulo

1978 "Individualismo e Psicanálise". Rio, PUC, tese de mestrado.

Publicado sob o título *O contexto social da psicanálise*. Rio, Francisco Alves, 1981.

FIGUEIRA, Sérvulo e Gilberto VELHO (orgs.)

1981 *Família, psicologia e sociedade*. Rio, Campus.

FIRTH, Raymond

1974 *Elementos de organização social*. Rio, Zahar.

FOUCAULT, Michel

1981 *História da sexualidade I – A vontade de saber*. Rio, Graal.

FRANCHETTO, Bruna, Maria Laura CAVALCANTI e Maria Luiza HEILBORN (orgs.)

1981*a* *Perspectivas antropológicas da mulher 1*. Rio, Zahar.

1981*b* *Perspectivas antropológicas da mulher 2*. Rio, Zahar.

1983 *Perspectivas antropológicas da mulher 3*. Rio, Zahar.

FRY, Peter e Gary Nigel HOWE

1975 "Duas respostas à aflição: Umbanda e pentecostalismo". *Debate e Crítica*, (6), pp. 75-94.

GEERTZ, Clifford

1978 *A interpretação das culturas*. Rio, Zahar.

GLUCKMAN, Max

1966 "Les rites de passage". *In*: – *Essays on the Ritual of Social Relations*. Manchester, Manchester University Press, pp. 1-52.

GOFFMAN, Erving

1959 *The Presentation of Self in Everyday Life*. N. York. Doubleday Anchar Books.

1967 *Interaction Ritual: Essay on face-to-face behavior*. N. York.

1974 *Manicômios, prisões e conventos*. S. Paulo, Perspectiva.

1978 "Sintomas Mentais e Ordem Pública". *In*: Figueira (org.), *Sociedade e doença mental*. Rio, Campus, pp. 9-18.

HEILBORN, Maria Luiza

1980 "Compromisso de Modernidade – Casal, vanguarda e individualismo". Rio, Museu Nacional, PPGAS, datil.

1981 "Notas para um Estudo sobre Casais: A fidelidade em questão". Rio, Museu Nacional, PPGAS, datil.

HOBSBAWN, Eric J.

1975 *The Age of Revolution: Europe 1789-1848*. Londres, Weidenfeld and Nicolson.

KUHN, Philip A.

1977 "Origins of the Taiping Vision: Cross-cultural dimensions of a chinese rebellion". *Comparative Studies in Society and History*, 19(3), julho, pp. 350-66.

LASCH, Cristopher

1978 *The Age of Narcisism*. N. York, Norton.

LEACH, E.R.

1967 *Political Systems of Highland Burma*. Boston, Beacon Press.

LE GOFF, Jacques

1968 *Hérésies et sociétés dans l'Europe pré-industrielle, 11e – 18e siècles*. Comunicações e debates do Colóquio de Royamont apresentados por Le Golf. Paris, Mouton.

1973 *Os intelectuais na Idade Média*. Lisboa, Editorial Estudios Cor.

LÉVI-STRAUSS, Claude

1958 *Anthropologie structurale*. Paris, Plon.

1962 *La pensée sauvage*. Paris, Plon.

LINS DE BARROS, Myriam

1981 "Testemunho de Vida: Um estudo antropológico de mulheres na velhice". *In*: Franchetto *et alii*, 1981*b*.

MAGGIE, Yvonne

1975 *Guerra de Orixá: Um estudo de ritual e conflito*. Rio, Zahar.

MALINOWSKI, Bronislaw

1961 *Argonauts of the Western Pacific*. N. York, E.P. Dutton.

MATTA, Roberto da

1973 "O Carnaval como um Rito de Passagem". *In*: – *Ensaios de antropologia estrutural*. Petrópolis, Vozes, pp. 121-68.

1974 *Constraint and Licence: A preliminary study of two Brazilian national rituals*. N. York, Werner-Gren Foundation for Anthropological Research.

1977 "Carnavais, Paradas e Procissões: Reflexões sobre o mundo dos ritos". *Religião e Sociedade*, 1 (1), maio, pp. 3-30.

1978 "Hierarchy and Equality: A structural study of two carnivals". *In*: Joseph S. Tulchim (org.), *Hemispheric Perspectives on the United States (papers from the New World Con-*

ference). Westport, Conn., Greenwood Press, pp. 111-26.

MAUSS, Marcel
1968 *Sociologie et anthropologie*. Paris, PUF.

PARK, Robert Ezra
1967 "A Cidade: Sugestões para a investigação do comportamento humano no meio urbano". *In*: O.G. Velho, pp. 20-72.

QUEIROZ, Maurício Vinhas de
1966 *Messianismo e conflito social*. Rio, Civilização Brasileira.

RUSSO, Jane e Tania COELHO DOS SANTOS
1981 "Psicanálise do Casamento". *In*: Figueira e Velho, 1981.

SAHLINS, Marshall
1976 *Culture and Pratical Reason*. Chicago, University of Chicago Press. [Ed. bras.: *Cultura e razão prática*. Rio, Zahar, 1979.]

SALEM, Tania
1983 "O Ideário do 'Parto sem Dor': Uma leitura antropológica". *Boletim do Museu Nacional*, Nova Série, nº 40, agosto.

SCHNEIDER, Dorith
1974 "Alunos Excepcionais: Um estudo de caso de desvio". *In*: Gilberto Velho (org.), *Desvio e divergência*. Rio, Zahar, pp. 52-81.

SCHUTZ, Alfred
1970 "The Problem of Social Reality". *In*: – *Collected Papers*. Haia, Martinus Nijhoff, vol. 1.

SIMMEL, Georg
1967 "A Metrópole e a Vida Mental". *In*: O.G. Velho, 1967, pp. 13-28.
[s.d.] *Schopenhaeur y Nietzsche*. Madri, F. Beltran.
1971 *On Individuality and Social Forms*. Chicago, University of Chicago Press.
1977 *The Problems of the Philosophy of History: An epistemological essay*. N. York, The Free Press.
1983 *Georg Simmel: Sociologia* (org. da coletânea: Evaristo de Moraes Filho). S. Paulo, Ática.

TURNER, Victor
1969 *The Ritual Process: Structure and anti-structure*. Chicago,

Aldine.
1974 *Dramas, Fields and Metaphors*. Ithaca, Cornell University Press.

VAN GENNEP, Arnold
1968 *Les rites de passage*. Paris, Mouton.

VELHO, Gilberto
1971 "Estigma e Comportamento Desviante em Copacabana". *América Latina*, 14 (1, 2), jan./jun.
1973 *A utopia urbana: Um estudo de antropologia social*. Rio, Zahar.
1975 *Nobres e anjos – Um estudo de tóxicos e hierarquia*. S. Paulo, USP (Tese de Doutoramento).
1976 "Accusations, Family Mobility and Deviant Behavior". *Social Problems*, 23 (3), fev. pp. 268-75.
1977 (org.), *Arte e sociedade*. Rio, Zahar.
1978 "Observando o Familiar". *In*: Edson de Oliveira Nunes (org.), *A aventura sociológica*. Rio, Zahar, pp. 36-46.
1981 *Individualismo e cultura: Notas para uma antropologia da sociedade contemporânea*. Rio, Zahar.

VELHO, Gilberto e Eduardo VIVEIROS DE CASTRO
1978 "O Conceito de Cultura e o Estado das Sociedades Complexas". *Artefato*, Jornal de Cultura do Estado do Rio de Janeiro.

VELHO, Otávio Guilherme
1967 (org.), *O fenômeno urbano*. Rio, Zahar.

VIVEIROS DE CASTRO, Eduardo e Ricardo Benzaquen ARAÚJO
1977 "Romeu e Julieta e a origem do Estado". *In*: G. Velho, 1977, pp. 130-69.

WIRTH, Louis
1967 "O Urbanismo como Modo de Vida". *In*: O.G. Velho, 1967, pp. 97-122.

WRIGHT MILLS, C.
1975 *A imaginação sociológica*. Rio, Zahar, 4ª ed.